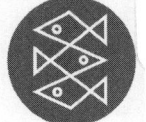

Marcel Reich-Ranicki
Kritik als Beruf

Drei Gespräche,
ein kritisches Intermezzo
und ein Porträt

Herausgegeben
von Peter Laemmle

Fischer Taschenbuch Verlag

Inhalt

Inhalt

W. F. Schoeller   Herr Reich-Ranicki, es hat viele Jahre gedauert, bis Sie Ihre Autobiographie geschrieben haben. In der Versuchung, sie direkt nach dem Überleben zu schreiben, waren Sie nie?

M. Reich-Ranicki   Nein, im Gegenteil. Meine Frau hat es damals von mir verlangt und mich immer wieder aufgefordert, dass ich es tun soll. Ich habe es nicht getan; ich hatte Angst. Ich hatte Angst vor dieser Aufgabe. Im Übrigen wissen Sie, diejenigen, die das überlebt haben, was wir, meine Frau und ich, ertragen mussten, die haben 1945/46 mit dem Blick nach vorn gelebt und wollten eigentlich darüber, was sie erlebt hatten, nicht viel reden. Ich habe auch niemandem erzählt, was ich im Warschauer Ghetto erlebt habe, wenn ich nicht direkt danach gefragt wurde. Also, wir hatten so viel Kummer, woher wir was zum Anziehen beschaffen könnten und was für eine Tätigkeit wir finden sollten. Schreiben von Erinnerungen, dafür war damals keine Zeit, auch keine Geduld.

W. F. Schoeller   Dennoch will ich fragen: Es sind ja viele Jahrzehnte in der Zwischenzeit vergangen, welcher Widerstand musste da überwunden werden?

M. Reich-Ranicki   Na, vor allem Angst. Angst im zweifachen Sinne. Zunächst Angst, dass ich literarisch der Aufgabe nicht gewachsen bin. Ich weiß, Sie brauchen mir nicht zu sagen, es haben über ähnliche Erlebnisse viele Leute geschrieben, die nicht schreiben können oder denen Lektoren dann die Bücher zurechtgemacht haben. Ich hatte einfach Angst, dass ich dem nicht gewachsen bin. Mein Metier ist ein anderes. Und wenn ich ganz simpel sagen soll: Mir fiel es doch leichter, über Thomas Mann und Kafka als über mich selber zu schreiben. Das war die eine Angst. Die andere – ganz einfach die Angst davor, das alles noch einmal nacherleben zu müssen, wenn auch nur in Gedanken.

W. F. Schoeller   *Mein Leben*, der denkbar schlichteste Titel, den man wählen kann, keine Wahrheit, kein Zitat steht drüber. Heißt das, dass dem Skeptiker die Wahrheiten eher abhanden gekommen sind, oder ist es ein Programm der Sachlichkeit?

M. Reich-Ranicki   Nein, das heißt nur, dass ich die effektvollen Titel für Autobiographien, die es in Deutschland in den letzten 20 Jahren gegeben hat, nicht mochte. Diese Titel »Kein bisschen weise, kein bisschen leise«, diese Dinge – nein, ich wollte einen möglichst simplen Titel, und *Mein Leben* schien mir der einfachste.

W. F. Schoeller   In Polen geboren, dann nach Berlin gekommen, der Vater, Kaufmann, macht Bankrott. Man denkt, in Berlin ist es bei Verwandten auch günstiger. Sie sind dann in der Nazizeit in die Schule gegangen, und Sie erzählen da ganz eigenartige Angelegenheiten. Dass Sie Abitur machen konnten, ist ja fast wie ein Wunder.

M. Reich-Ranicki   Ja, ich habe erklärt, warum ich das Abitur machen konnte, warum Juden noch das Abitur machen konnten. Das hatte mit einer Intervention des Kardinals Bertram bei Hitler zu tun, der nicht die Absicht hatte, Juden zu beschützen, der nur dagegen war – dagegen scharf protestiert hat –, dass man die als Juden geltenden Schüler alle in eine jüdische Schule treibt – und darunter waren ja katholische Schüler. Und Hitler war zu diesem Zeitpunkt nicht an einem Konflikt mit der katholischen Kirche interessiert und hat die Geschichte aufgeschoben. Die jüdischen Schüler wurden erst nach der Kristallnacht aus der Schule vertrieben.

W. F. Schoeller   Und was Sie da schreiben – sehr eigenartig, vielleicht haben Sie's auch einfach vergessen oder verdrängt, das könnte ja auch sein –, dass Ihre Mitschüler, zum Teil Nationalsozialisten, nichts gegen ihre jüdischen Mitschüler gesagt, getan haben.

M. Reich-Ranicki   Nein, ich habe das nicht verdrängt, denn ich habe mich darüber gewundert – damals schon und auch in späteren Jahren. Ich habe auch einmal erwähnt, dass wir ein Schülertreffen, ein Abituriententreffen – ich glaube, in den 60er Jahren – veranstaltet haben und ich diesen Mitschülern von damals, die noch überlebt haben – nicht wenige sind an der Front gefallen –, die Frage gestellt habe: Warum habt ihr euch eigentlich uns Juden gegenüber so anständig verhalten? Die Antwort war nicht befriedigend. Sie wussten nicht recht, was sie sagen sollten. Sie sagten so ungefähr: Na ja, wir haben ja gesehen, dass das Gerede über die Minderwertigkeit der Juden nicht stimmen konnte. Der beste 100-Meter-Läufer der Klasse war ein Jude, und der beste Deutschschüler war auch ein Jude.

W. F. Schoeller   Das waren Sie?

M. Reich-Ranicki   Ja, das war ich. Aber im Grunde genommen waren das unbefriedigende Antworten. Ich glaube, es hat einen ganz anderen Grund. Die haben sich anständig benommen, weil es Schüler aus gutbürgerlichen Familien waren, die sich zunächst einmal in der Schule überhaupt zivilisiert verhielten, das war das eine. Das andere: Sie waren an die jüdischen Mitschüler von der ersten Schulklasse an gewohnt. Das waren Kameraden, Kollegen, die auf derselben Bank saßen, die abschreiben ließen oder selber abgeschrieben haben. Und diese Schüler haben ihr Verhältnis zu den jüdischen Schülern nicht geändert. Das Judentum, das bekämpft wurde, das war in den Augen dieser Schüler das Weltjudentum, aber nicht der Kollege nebenan, den man schon seit zehn Jahren kennt. Ich glaube, das war der Grund, dass sie nichts gegen uns getan haben. Andererseits haben sie natürlich alle Diskriminierungen von Juden in der Schule hingenommen, ohne sich sonderlich zu wundern – es waren zunächst natürlich nicht so schreckliche Dinge. Wir durften nicht an Schulausflügen teilnehmen, an Sportfesten, an Feierlichkeiten und dergleichen, aber das haben wir hingenommen.

W. F. Schoeller　Dann eines Tages, 1938, steht morgens ein Polizist da. Sie werden, ohne etwas mitnehmen zu können, aus Berlin ausgewiesen. Das ganze Buch durchzieht die Frage nach dem »vaterlandslosen Gesellen«. Ist das ein Vorzug? Oder man könnte die Frage auch umdrehen: Die Sehnsucht nach doch einer Heimat, wurde die erfüllt?

M. Reich-Ranicki　Die Sehnsucht nach der Heimat konnte nur in insofern Erfüllung gehen – so war es jedenfalls in meinem Leben –, als die Literatur mir zur Heimat wurde. Und das war ein großer Augenblick in meinem Leben, als ich bei Heine die Worte gefunden habe, die Juden hätten einst im Altertum aus der Bibel ihr portables Vaterland geschaffen. Denn das war ja meine Situation – natürlich nicht die Bibel, aber die deutsche Literatur, die mir zu einer Heimat wurde – auch während der Zeit im Krieg und im Warschauer Ghetto.

W. F. Schoeller　Auch klar, an den jüdischen Gott haben Sie nie so sehr geglaubt, die Religion hat keine Rolle in Ihrem Leben gespielt, aber dennoch, es gibt ja doch im Grunde genommen eine tiefe Verbindung mit der jüdischen Religion, und das ist der Schriftglaube.

M. Reich-Ranicki　Ja, mit Sicherheit. Ich erzähle eine Kleinigkeit, die mir charakteristisch scheint, das Unvergessliche, als ich zum letzten Mal beim Gottesdienst dabei war. Im Alter von 14 Jahren wurde ich in Berlin konfirmiert, und als der Kantor, der Vorbeter, die Heilige Schrift aus dem Schrein hervorholte und in der Synagoge am Lützowplatz, die es heute nicht mehr gibt, hochhielt, verneigte sich die ganze Gemeinde. Diese Verbeugung vor der Schrift kann einem Literaten nicht gleichgültig sein. Das ist mir bis heute geblieben, ja.

W. F. Schoeller   Mit der bildenden Kunst konnten Sie, wenn ich das richtig sehe, am wenigsten anfangen? Und: Du sollst dir kein Bildnis machen! Das lebt in diesem Nichtverhältnis fort?

M. Reich-Ranicki   Durchaus möglich. Ich meine, im 20. Jahrhundert hat es ein paar Maler gegeben wie Chagall, wie Modigliani und Max Liebermann, die alle Juden waren und nicht so schlecht gemalt haben. Also: Du sollst dir kein Bildnis machen, das ist schon längst überwunden.

Aber mir war die Malerei nie so wichtig. Ich meine, das Wort von Bismarck, er sei nur zweimal im Leben in einem Museum gewesen, einmal, weil er es eröffnen musste, und das andere Mal, weil es regnete, das kam mir doch sehr verständlich vor.

W. F. Schoeller   Mit welcher Ausstattung haben Sie denn unter den Nazis gelebt? Es gibt das Wort vom Elfenbeinturmtheater, das war das Asyl.

M. Reich-Ranicki   Ja.

W. F. Schoeller   Das Theater.

M. Reich-Ranicki   Ich war vom Theater besessen – das hat sich im Laufe der Zeit gegeben. In den letzten zwanzig, dreißig Jahren ist meine Theaterbegeisterung nicht mehr so intensiv. Vielleicht hat es auch mit der Qualität des Theaters zu tun. Aber das war mein Asyl: das Theater und im Theater vor allem die Klassiker. Das, was mich am meisten fasziniert hat, Shakespeare auf der Bühne, Schiller, Goethe, Lessing, soweit er gespielt werden durfte. *Nathan* durfte ja nicht gespielt werden. Und natürlich auch die neueren Klassiker, sagen wir Gerhart Hauptmann, aber natürlich nicht Arthur Schnitzler. Der war als Jude im Dritten Reich verboten.

W. F. Schoeller   Und Sie bewahren da geradezu eine ungeteilte, ungebremste Zuneigung und Verehrung für Leute, die dann auch belastet waren, wie zum Beispiel Gustaf Gründgens, der 1936 preußischer Staatsrat geworden war. Wir kennen das alles natürlich aus dem Roman *Mephisto* von Klaus Mann.

M. Reich-Ranicki   Der Roman *Mephisto* von Klaus Mann ist verständlicherweise ein ungerechtes Buch. Da wird Gründgens ziemlich ungerecht behandelt. Kann man verstehen, es waren familiäre Bindungen vorhanden; Gründgens war ja mit Erika Mann in der Weimarer Republik verheiratet gewesen, eine Ehe, die ziemlich kurz war. Was war das Wichtige in meinem Verhältnis zu Gründgens? Ich habe Gründgens nie kennen gelernt. Was ich sehr bedaure. In Hamburg, Jahre nach dem Krieg, als ich Ende der 50er Jahre dort lebte, hätte ich ihn kennen lernen können. Ich hab es unterlassen. Mein Verhältnis zu Gründgens ist nicht nur das Verhältnis zu einem hervorragenden Schauspieler, einem glänzenden

Schauspieler, einem interessanten Regisseur, nein, es ist mehr dabei. Gründgens war für mich die Verkörperung einer Antiwelt. Primitiv gesagt, der Welt gegen Hitler, gegen den Nationalsozialismus. Jawohl, er war Intendant der Preußischen Staatlichen Schauspiele. Er war Staatsrat geworden, aber er verkörperte für mich alles das, was man mit dem Stichwort, das Goebbels liebte und das ich liebe – das ist das Einzige, was mich mit Goebbels vereint – nämlich mit dem Stichwort »Asphaltliteratur« benennen kann. Goebbels hat es negativ und verächtlich gebraucht; es ist positiv. Ich bin der Ansicht, Literatur ist immer da entstanden, wo Asphalt war. Wald und Wiese und Gärten und Park, da ist keine Literatur entstanden. Literatur ist in Berlin, in Paris, in Alexandria, in Athen entstanden, immer da, wo es Asphalt gab, wenn er schon erfunden war.

W. F. Schoeller   Das ist natürlich ungerecht, aber es ist Ihre Wertung.

M. Reich-Ranicki   Na ja.

W. F. Schoeller   Mit der Großstadtliteratur können Sie einfach mehr anfangen.

M. Reich-Ranicki   Ja, ich weiß nicht, ob Walther von der Vogelweide Großstadtliteratur war, ich hab ihn sehr geliebt.

W. F. Schoeller   Da kommen die Blümlein auch vor.

M. Reich-Ranicki   Ja, ja, ja, das lieb ich auch sehr. Im Übrigen, das Genie Goethe war ja auch Großstadtliteratur. Der hat tatsächlich, wer hätte es geglaubt, aus dem kleinen Städtchen Weimar eine Großstadt, eine intellektuelle Großstadt geschaffen – eines der großen Werke im Leben von Goethe. Imponierend, Weimar ein Kulturzentrum für ganz Europa. Zurück zu Gründgens: Er verkörperte das Intellektuelle, das Gewesene, die Welt, die zu Ende war, diese Welt der Weimarer Republik. So war sein ganzer *Hamlet* angelegt, das war ja eine archaische, barbarische Welt: diese Leute um König Claudius herum, eine abscheuliche rücksichtslose Welt und da mitten drin der Intellektuelle, der Denkende, Hamlet, der Mann mit den intellektuellen Komplexen. Das hat Gründgens meisterhaft gespielt. Ich hab nie einen besseren Hamlet gesehen, und auch sein Mephisto war ganz als der Geist der Kritik angelegt, was ebenfalls im Dritten Reich ungern gesehen wurde. Also das sind so Gründe, die beigetragen haben, dass ich Gründgens geliebt und bewundert habe. Ich kann das von keinem anderen sagen, und ich habe Werner Krauss und Emil Jannings, ich habe Laurence Olivier und Jean-Louis Barrault gesehen. Keiner hat mich so beeindruckt wie Gründgens, auch in ganz schwachen, schlechten zeitgenössischen Stücken, denen er einen besonderen intellektuellen Reiz gab. Er war immer der Degenerierte, der Neurastheniker, der Neurotiker inmitten einer anderen Welt, ein Außenseiter – da stand er mir schon sehr nah.

W. F. Schoeller   Von Gustaf Gründgens wieder zurück zu Marcel Reich. Als er 19, noch nicht mal 20 Jahre alt war, holten ihn in Polen, in Warschau, schon wieder die Deutschen ein. Warschauer Ghetto, Sie haben schon ab und zu darüber erzählt, aber eben nie zusammenhängend. Und in diesem

Punkt ist Ihre Autobiographie fast so eine Art Enthüllungs-
buch. Sie ziehen den Vorhang auf über ein Kapitel, das wir so
von Ihnen nie gehört haben. Was ist das Fazit dieser mörde-
rischen Situation, der Sie ja mit Ihrer Frau nur denkbar
knapp entronnen sind?

M. Reich-Ranicki Zunächst einmal das Fragezeichen, ein
Fragezeichen, das uns beiden, meiner Frau und mir, keine
Ruhe gibt, nämlich die Frage: warum? Warum haben wir das
überlebt? Warum haben die Eltern meiner Frau und meine
Eltern und mein Bruder – warum haben sie alle nicht überlebt? Wir haben überlebt, warum? Es gibt darauf nur eine
einzige Antwort: der Zufall. Es war reiner Zufall. Vielleicht
hat noch ein Element eine kleine Rolle gespielt. Wir waren
die Jüngsten. Jüngere Menschen hatten etwas mehr Chancen
zu überleben. Aber die Frage bleibt, warum?

W. F. Schoeller Sie schildern eine Situation, wo Sie beide
schon beim Abtransport sind, sozusagen schon in der Ko-
lonne, und das kann sich nur um, sagen wir mal die Möglichkeit von zwei, drei Sekunden gehandelt haben –, und Sie
entrinnen. Ist das nur Zufall, oder ist das auch die Lebenskraft von jungen Leuten?

M. Reich-Ranicki Na ja, es ist schon die Lebenskraft von
jungen Leuten. Das, wovon Sie sprechen, ist eine Szene auf
einer Straße, die durch einen Trivialroman berühmt wurde:
Mila 18 von Leon Uris. Da haben wir in unserer letzten Zeit
im Ghetto gewohnt. Die Straße lag unglücklicherweise ganz
in der Nähe des Umschlagplatzes, von dem die Transporte

nach Treblinka gingen. Und dabei müssen Sie eins wissen: Man nennt immer Auschwitz und viel seltener Treblinka. Das hat Gründe. Auschwitz und Treblinka, das sind zwei verschiedene Dinge. Auschwitz ist ja günstiger gewesen, besser als Treblinka. Warum? Da gab es ein Konzentrationslager und eine Gaskammer. Aber in Treblinka gab's nur Gaskammern. Da kamen die Züge an, die Menschen wurden sofort in die Gaskammer geschickt. Wenn man erst in einem Konzentrationslager war wie Auschwitz, wo ich nicht war, da waren noch vielleicht zwei, drei Tage bis zur Vergasung, da gab's vielleicht eine Möglichkeit der Rettung. In Treblinka gab es sie nicht. Nun, wir sind in der Milastraße aus den Reihen geflohen – eigentlich war die Initiative, sofort zu fliehen, bei meiner Frau stärker als bei mir. Sie ist aus der Reihe gesprungen, hat mich noch mitgezogen. Das Risiko, dass man da umkam, indem man floh, war kurz gesagt nur eins: dass man sofort erschossen wurde. Wir sind aus der Reihe gesprungen, und der Soldat hat hinter uns her geschossen. Das wissen wir. Von jemandem haben wir es erfahren, von einer Frau, die mit uns in den Reihen stand, die eine halbe Minute nach uns geflohen ist. Der Soldat hat geschossen, hat uns nicht getroffen, hat das Gewehr weggeworfen. Und die Frage, ob er uns nicht getroffen hat, weil an dem Gewehr etwas kaputt war oder weil er uns gar nicht treffen wollte, wird unbeantwortet bleiben.

W. F. Schoeller   Sie schildern die schreckliche Willkür der Besatzer im Ghetto. Haben Sie nach den vielen Jahren eine

Erklärung gefunden für diese Nazigewalt, für diese schreckliche Willkür dieser Gewalt?

M. Reich-Ranicki   Ja natürlich, aber es gibt da verschiedene Erklärungen. Jede Erklärung, die ich Ihnen gebe, ist immer nur partiell. Es ist zunächst einmal ein Element von großer Bedeutung, glaube ich. Da waren Menschen in Deutschland, in Stralsund, in Regensburg, in allen möglichen kleinen und großen Städten, kleine Postbeamte, die gelitten haben, weil sie von ihren Vorgesetzten vielleicht schikaniert wurden, Menschen im Alter von 20, 30 Jahren und ältere, und die waren nun frei. Die konnten machen, was sie wollten. Die konnten Menschen töten, die wurden nicht zur Rechenschaft gezogen. Sie konnten Frauen vergewaltigen, so viel sie wollten, sie unterlagen keiner Kontrolle. Und sie wollten endlich leben. Sie wollten – wenn Sie mir das Wort verzeihen – »die Sau rauslassen«. Das waren vielleicht, solange sie in Aschaffenburg oder Augsburg lebten, friedliche Bürger. Und jetzt haben sie plötzlich alles das kennen gelernt: Sie konnten den Frauen ihre Ringe wegnehmen, sie konnten den Frauen sagen, sie sollten sich ausziehen. Sie konnten tun, was sie wollten. Sie unterlagen keiner Kontrolle, und da kam das alles, das Böse, das Schlechte, das Fragwürdige im Menschen zum Vorschein. Das wird der eine Grund gewesen sein. Zweitens: Natürlich waren es Leute, denen man jahrelang in Deutschland in der Schule, in der Hitlerjugend, im BDM, überall klargemacht hat, die im Osten sind Untermenschen, die Juden sind die schlimmsten Untermenschen.

Aber auch die Polen wurden als Untermenschen behandelt. Vergessen Sie bitte nicht, dass Himmler öffentlich eine Rede – ich glaube in Posen – gehalten hat, wo er sagte: Die Polen sollen Rechnen und Schreiben lernen, Schluss; mehr Bildung für die Polen ist ganz überflüssig. Die sollen ein Sklavenvolk, das den Deutschen dient, sein und bleiben. Natürlich sind sehr viele junge Menschen unter dem Eindruck dieser Propaganda geblieben. Sie hielten wirklich die Juden, die Polen für schrecklich primitive, schlechte, bösartige Menschen. Diese Orgie der Gewalt kam ja so erst während des Krieges voll zum Ausbruch. Vor dem Krieg gab es die schreckliche Reichskristallnacht, aber das waren mehr Dinge, die einen Tag dauerten oder zwei. Und vergessen Sie noch etwas nicht! Die Deportation der Juden aus Deutschland während des Krieges – Deportation heißt praktisch Auschwitz, Treblinka, Majdanek – sah in verschiedenen Städten unterschiedlich aus. Neulich habe ich die Fotos gesehen, wie in Baden-Baden, einer friedlichen Stadt, einer schönen, herrlichen Stadt, Juden geführt wurden – noch einigermaßen ordentlich gekleidet –, und unendlich viele Menschen standen auf dem Bürgersteig und sahen zu, wie die Juden zum Abtransport gebracht wurden. Das konnten sie in Berlin nicht sehen, das gab's da nicht. Da wurden Juden auch deportiert – aber kräftig –, nur wann? Um drei Uhr nachts, vier Uhr nachts – da hat die Bevölkerung nichts gesehen. In Berlin hat man darauf geachtet, dass das geheim bleibt. Es gab ja auch keinerlei Anspielungen in der nationalsozialistischen Presse, dass die Menschen getötet werden. »Umsiedlung zur Arbeit im Osten«, so hieß es, denn die Nazis haben natürlich damit gerechnet, dass nicht alle das so ganz billigen werden.

W. F. Schoeller   Wenn ich es richtig sehe – das ist eine Vermutung –, haben Sie später als Literaturkritiker die Bücher über die KZs, über das Ghetto eher gemieden. Stimmt das?

M. Reich-Ranicki   Ja. Ich habe sie gemieden aus zwei Gründen, oder es ist derselbe Grund: Ich fand sie alle immer schlecht. Ich fand, dass sie immer die Wirklichkeit entstellten, dass das gut gemeinte Bücher, aber meist nicht gute Bücher waren. Das ist das eine. Das andere aber, wenn ich ein Buch gefunden habe, das ich für gut, beachtlich hielt, habe ich sofort darüber geschrieben, über Jurek Beckers *Jakob der Lügner* beispielsweise. Ein hervorragendes Buch. Ich wusste damals kaum, wer dieser Jurek Becker aus Ostberlin ist, und habe sofort in der *Zeit* sehr positiv, wie es sich gehört, über dieses Buch geschrieben. Sonst hatte ich bei Büchern, die dieses Thema berühren, Hemmungen. Ich war auch der Ansicht, dass es nicht sicher ist, ob ich gerecht bin, wenn ich an diesen Büchern manchmal etwas beanstande.

W. F. Schoeller   Und doch, wenn man Ihr Buch liest – das Letzte an Gewalt, an Gemeinheit, an menschlichem Dreck, an schrecklichem Handeln haben Sie verschwiegen.

M. Reich-Ranicki   Ich bin nicht so sicher, ob Sie Recht haben. Da gibt's eine Stelle in dem Buch, die für mich wichtig war. Nachdem die Deportation zunächst abgeschlossen wurde, weil drei Viertel der Bevölkerung des Ghettos schon abtransportiert war, teilte man uns eine Wohnung zu. Wir werden rausgeschmissen aus unserer Wohnung, bekommen irgendeine Wohnung vorläufig zugeteilt. Und wir kamen in eine Wohnung, wo noch eine halb volle Tasse Kaffee auf dem Tisch stand, in der die Kleidungsstücke der Leute, eines Ehepaars offensichtlich, das da gewohnt hat, noch herumlagen – sie waren vor acht oder sechs Stunden abtransportiert worden – da war noch alles da. Es atmete noch, die Wohnung, das Leben der Deportierten. Und ich habe beschrieben, wie ich mir die letzten Stunden dieser Deportierten nach Treblinka in die Gaskammer vorgestellt habe. Ich hätte schreiben können, wie ich mir die letzten Stunden meiner Eltern in Treblinka vorstellte. Ich zog es vor, die Unbekannten zu schildern. Dass ich manches Schreckliche nicht geschildert habe – nein, wissen Sie, es entsteht so der Eindruck, als hätte ich die Realität beschönigt. Ich glaube nicht, dass man mir den Vorwurf machen kann. Ich habe die Realität nicht beschönigt, ich habe nur gezeigt, wie sie auch war – und um dieses eine Beispiel zu geben: Dass jener Mensch, jener junge Soldat, der uns ganz am Anfang des Krieges schon geprügelt hat, im Herbst '39, und eine Gruppe von 30, 40 Juden auf der Straße brüllen ließ: »Wir sind dreckige Juden, wir sind Saujuden, wir sind Untermenschen«, dass derselbe Mann eine halbe Stunde später, als er sah, dass ich über Berliner Fußball Bescheid wusste und über Hertha BSC mit ihm reden konnte, plötzlich ganz friedlich wurde, und uns gut behandelte, mich und meinen Bruder, der dabei war. Da sehen Sie, was da für Verhältnisse waren. Das ist das eine. Ich wollte in dem Buch auch zeigen – und habe das bei der Schilderung meiner Schulzeit getan –, dass die Trennungslinie bei den Lehrern nicht die war, wer war Mitglied der NSDAP oder wer nicht – überhaupt nicht. Ich hatte einen fabelhaften Musiklehrer, Steineck, der die Juden besonders gut behandelte, weil verhältnismäßig viele jüdische Schüler einigermaßen ordentlich Klavier oder Violine spielen konnten. Ein fabelhafter Mann, der meine Liebe zur Musik geweckt und gesteigert hat – großartig! 20 Jahre nach dem Krieg habe ich erfahren, er war Mitglied der NSDAP, und zwar der Erste von allen Lehrern, der schon der NSDAP seit '29 oder '30 angehörte. Also, danach konnte man die Menschen nicht beurteilen.

Aber hier, Herr Schoeller, bitte ein Einwand meinerseits. Es entsteht so der Eindruck aus unserem Gespräch, als würde in dem Buch eigentlich beinahe nur von Schrecklichem, von Verfolgungen, von Nazis, vom Dritten Reich und vom Ghetto die Rede sein. Es ist zwischendurch auch von vielen anderen Dingen die Rede, und ich habe versucht, mein Leben so zu zeigen, wie es war. Und es war nicht nur schrecklich. Da war auch einiges ganz Schöne in dem Leben, wofür ich sehr dankbar bin.

W. F. Schoeller   Zu den Momenten des Gelingens gehört ja die Flucht – Februar '43, glaube ich, war es – aus dem Ghetto. Sie kommen mit Ihrer Frau bei einem polnischen Setzer unter, bei einem ganz einfachen Menschen, der im Grunde genommen ganz naiv reagiert: Da sind zwei Juden, die nehme ich jetzt auf und versuche, sie zu verstecken.

M. Reich-Ranicki Es ist etwas unrichtig, was Sie sagen: Ganz einfache Menschen stimmt nicht. Er war kein ganz einfacher Mensch, denn er war unter den polnischen Proletariern jener Zeit ein gebildeter Proletarier. Er war Setzer, also musste er schreiben können. Er konnte tadellos mit schöner Handschrift schreiben. Der Prozentsatz der Analphabeten in Polen, der tatsächlichen Analphabeten, die nicht einen Buchstaben lesen konnten, war damals enorm. Er gehörte unter dieser Schicht doch zu den etwas Gebildeten. Ich glaube, das hat eine Rolle gespielt. Es hat ihm imponiert – und davon war mehrfach die Rede –, dass er zwei Menschen zu retten versuchte, deren Bildung er sehr geschätzt hat. Er hat mich immer wieder in allen möglichen Dingen zu Rate gezogen, auch als Kommentator der politischen Verhältnisse des Krieges. Ich habe natürlich einen Kommentar gegeben, der die deutsche Niederlage in nicht allzu ferner Zukunft voraussagte, denn sonst hätte er uns gleich hinausgeschmissen mit den Worten, die er oft verwendet hat: »Ist ja alles schön und gut! Die Deutschen werden den Krieg verlieren, aber wir werden's nicht erleben. Wir schaffen's nicht; wir verhungern alle zusammen. Und damit wir nicht alle zusammen verhungern, müsst ihr uns verlassen; wir müssen uns trennen.« Immer wenn er uns hinausschmeißen wollte, hat seine Frau gesagt: »Wir haben so lange durchgehalten; wir wollen es noch versuchen.« Und wenn seine Frau uns hinausschmeißen wollte, hat er gesagt: »Nein nein, diese Freude wollen wir doch den Nazis nicht gönnen. Die sollen noch bei uns bleiben. Vielleicht wird es uns gelingen.«

W. F. Schoeller   Befreit von der Roten Armee sind Sie Kommunist geworden, sind zunächst mal in die polnische Armee gegangen, also in diese sich wieder findenden Teile …

M. Reich-Ranicki   … unter sowjetischem Oberbefehl.

W. F. Schoeller   Unter sowjetischem Oberbefehl sind Sie in die kommunistische Partei gegangen. Ich will jetzt nicht fragen: warum, das liegt ja so nahe, dass man damals Kommunist geworden ist. Ich will fragen, was verdanken Sie der KP?

M. Reich-Ranicki   Das ist eine nicht ganz leichte Frage. Ich verdankte der KP wohl vor allem das Gefühl – richtig oder schlecht – der Zugehörigkeit zu einer großen Gemeinschaft. Vergessen Sie bitte nicht, ich war im Grunde immer ein einsamer Mensch. Ich hatte Freunde, gewiss, aber ich gehörte ja nirgendwohin, nicht zur jüdischen Gemeinde, deren Mitglied ich nie im Leben war und auch heute nicht bin. Gucken Sie, meine Mitschüler, die gehörten ja alle der Hitlerjugend an, die gingen in eine Tanzschule und dergleichen. Es war anders bei mir, ich saß zu Hause und las Thomas Mann. So sah es im Dritten Reich in meiner Schulzeit oft aus. Die KP gab mir das Gefühl der Zugehörigkeit zu einer großen und kämpfenden Gemeinschaft. Wie falsch die Ideale waren, wie verlogen vieles war, das ist eine andere Frage. Aber zunächst einmal war dieses Gefühl da. Das ist das eine. Weiter:

Ich hatte sehr früh – das ist paradox, wenn ich das sage – die Möglichkeit zu erkennen, was der Kommunismus in der Praxis – nicht in der Theorie – ist. Das verdanke ich der KP, dass ich sehr bald gesehen habe, was für Menschen da dirigierten und leiteten, wie da gearbeitet und geschaffen wurde, dies und jenes. Und die Enttäuschung, die viele meiner Generation erlebt haben, diese große Enttäuschung am und mit dem Kommunismus, die habe ich sehr schnell erlebt. Ich war ja eigentlich schon 1949 vom Kommunismus geheilt, als ich aus London auf eigenen Wunsch zurückkam.

W. F. Schoeller   Sie waren im diplomatischen Dienst, Sie haben für den polnischen Geheimdienst gearbeitet, darüber hat es eine Auseinandersetzung gegeben vor einigen Jahren.

M. Reich-Ranicki   Fünf Jahre ist das her.

W. F. Schoeller   Sie schreiben jetzt im Grunde genommen über diese Auseinandersetzung kein Wort.

M. Reich-Ranicki   Nein, ich finde es wichtig, dass ich bei diesem Geheimdienst war und was ich dort gemacht habe. Und das habe ich, glaube ich, ausführlich und so genau wie möglich dargestellt. Ich bin vor allem dazu aufgefordert worden, zu diesem Geheimdienst zu gehen. Weil aus meiner Biographie hervorging, dass ich bis Ende '38 in Berlin gelebt habe und deswegen des Deutschen mächtig war – ich habe ja das Abitur in Berlin gemacht, sogar als bester Deutschschüler –, hat man mich Anfang '46 nach Berlin geschickt – da hat man natürlich solche Leute gebraucht. Aber ich war schon vorher ein wenig im Geheimdienst tätig gewesen.

Wenn ich damals gesagt hätte, ich möchte mich da nicht be-
tätigen und lieber die Finger davon lassen, ich würde mich
noch heute dafür schämen. Im Gegenteil, ich war froh, dass
man mich brauchte, dass man meine Hilfe suchte. Und das
Wort »Geheimdienst« hat ja noch so einen Anklang, Bei-
klang nach Abenteuer, nach irgendwelchen geheimnisvollen
Dingen. Man wird lernen, was da hinter den Kulissen gespielt wird und wie gespielt wird. Ich habe nicht einen
Augenblick gezögert. Ich habe gesagt: Selbstverständlich, ja,
wenn man mich braucht, klar, mache ich mit. Warum ich
nun, fragten Sie, über die große öffentliche Auseinandersetzung nicht geschrieben habe. Sie sind nicht der Erste, der die
Frage stellt, und sie ist verständlich. Ich habe mir das genau
überlegt. Sehen Sie, es war eine ungeheure Kampagne gegen
mich in vielen Zeitungen – wohlgemerkt, nicht in allen; es
gab große Blätter, die damals nicht ein Wort gegen mich
geschrieben haben, ganz konsequent, und andere, die möglichst täglich irgendwas gegen mich veröffentlicht haben.
Hätte ich darüber jetzt in meinen Erinnerungen berichtet,
wäre es zu einer Abrechnung gekommen: Der und jener hat
sich mir gegenüber infam und gemein verhalten. Menschen,
die mir sehr viel verdankten, haben sich nun auf mich ge-
stürzt, schadenfroh; und andere hätte ich wieder sehr gelobt,
dass sie sich wunderbar verhalten haben. Herrgott, ich meine, das ist doch lächerlich! Ich werde doch nicht sagen, Siegfried Lenz hat sich mir gegenüber gut verhalten – mein
Freund seit vielen Jahren …

W. F. Schoeller   Das haben Sie an einer anderen Stelle geschrieben.

M. Reich-Ranicki   Selbstverständlich brauche ich da nichts zu sagen. Oder dass Rolf Hochhuth sich plötzlich gemeldet hat und gesagt hat: Das ist ein Skandal, was hier mit Reich-Ranicki gemacht wird. Es wäre eine Abrechnung entstanden mit Zensuren, die ich verteile, pro und contra. Ich habe mir gedacht, nein, das ist nicht wichtig. Wichtig ist, dass ich beim polnischen Geheimdienst dabei war und was ich da getan habe. Und diese Pressekampagne, so widerlich sie auch war, es ist nicht meine Sache, darauf zu reagieren. Vergessen Sie bitte eines nicht, ich habe damals eine Erfahrung nicht zum ersten Mal gemacht: Wer von mir als Autor ungünstig beurteilt wurde, hat jede Gelegenheit wahrgenommen, auf mich einzuschlagen und sich zu rächen. Das wäre kein Unglück, das gehört zu meinem Gewerbe, damit muss ich mich abfinden. Aber es gibt eine andere Gruppe von Menschen, über die ich nie ein Wort geschrieben habe und die hasserfüllt sagen: Er ignoriert mich. Und die schlagen auch zu gegen mich. Diese Gruppe ist gewaltig. Sich da zu wehren ist sehr, sehr schwer. Das ist so wie in der Musikkritik. Stuckenschmidt hat gewarnt: Schreiben Sie über alle Sänger in der Stadt, in der Sie als Kritiker arbeiten, und über Dirigenten die Wahrheit! Beim Chor, Mund halten! Es sind zu viele. Sie werden nie fertig werden.

W. F. Schoeller   Schwierige Jahre in Polen – was war denn das Gravierendste für Sie als polnisch schreibenden Literaturkritiker, der sich der deutschen Gegenwartsliteratur annimmt?

M. Reich-Ranicki   Also, es wird Sie wundern: Das Gravierendste war ein später Aufsatz. Kurz bevor ich Polen verlassen habe, habe ich einen großen Essay über Hermann Hesse geschrieben. Und als dieser Essay in der Zeitschrift des polnischen Schriftstellerverbandes erschien und gedruckt war, habe ich mir überlegt, wen geht in Polen der Hesse so sehr an? Wozu habe ich das geschrieben? Für wen habe ich das geschrieben? Und bald habe ich gemerkt: Im Grunde schreibe ich ja für deutsche Leser. Nicht nur über Hesse, aber auch über Anna Seghers und Arnold Zweig und Heinrich Mann und Feuchtwanger – auch über Kleist und Goethe gelegentlich. Damals sah ich immer deutlicher: Es hat keinen Sinn, mein Dasein als Kritiker deutscher Literatur in Polen. Es gibt für den Kritiker deutscher Literatur nur eine Möglichkeit: in einem deutschsprachigen Land zu wirken. Eine Stadt lockte mich sehr, Zürich. Ach, wie wäre ich gern nach Zürich gegangen! Man hat mich gefragt: Damals wollten Sie unbedingt nach Deutschland, haben Sie denn nicht daran gedacht …? Nein, ich wollte in ein deutschsprachiges Land, ich wäre lieber nach Zürich gegangen, aber die Schweizer hätten mich nicht reingelassen. Die hätten mich nach meinem Konto in Zürich gefragt – es gab keines. Und die Bundesrepublik musste mich, da ich ja schließlich aus Deutschland von den Nazis deportiert wurde, wieder reinlassen. Also fiel die Entscheidung zugunsten der Bundesrepublik.

W. F. Schoeller   1958?

M. Reich-Ranicki   Ja.

W. F. Schoeller   Eine beispiellose Aufstiegsgeschichte. Sie sind der Repräsentant dieser Zunft, Sie sind der mächtigste Mann im Literaturbetrieb. Das alles wissen Sie, das alles wissen wir. An Ihnen klebt das Wort vom Literaturpapst, wobei Sie sich immer dagegen wehren und sagen: Ich als Jude kann kein Papst sein.

M. Reich-Ranicki   Nein, ich sage noch was anderes. Päpste sind angeblich unfehlbar, wollen es sein. Kritiker, die unfehlbar sind, taugen gar nichts. Natürlich ist ein Kritiker immer fehlbar, und ich, der ich klare Entscheidungen zu fällen bemüht war – das Buch ist gut, das Buch ist schlecht –, habe mich natürlich geirrt und gar nicht selten geirrt, das versteht sich von selber. Es gibt eine Art von Kritikern, die irren sich nie, das sind die Kritiker, die nie ja sagen und nie nein, die immer *jein* sagen. Die können sich immer nur halb irren.

W. F. Schoeller   Sind Sie dennoch so etwas wie ein Außenseiter geblieben? Das ist für mich das wirkliche Fazit dieses Buches.

M. Reich-Ranicki   Ja, ich muss diese Ihre Frage bejahen. Ich möchte aber gleich hinzufügen, nicht dass Sie meinen – ich hoffe, dass das in dem Buch nicht so steht –, dass nun ein großes Klagelied kommt, was für ein Unrecht mir geschehen sei, dass ich ein Außenseiter in der Bundesrepublik geblieben sei. Nein, davon kann keine Rede sein. Im Gegenteil, man hat mir manches in der Bundesrepublik sehr erleichtert, gar keine Frage. Und ich habe ja schließlich den Posten des Leiters des Literaturblattes der *Frankfurter Allgemeinen Zeitung* bekommen und 15 Jahre lang verwaltet. Also keine Klage meinerseits. Das Gefühl, ein Außenseiter zu sein, habe ich natürlich von Anfang an gehabt, das ist geblieben, das wird sich jetzt, da ich bald 80 Jahre alt sein werde, natürlich nicht mehr ändern. Das hat eben mit meiner Biographie zu tun, das dürfen Sie nicht vergessen, das Hin-und-her-gerissen-Werden. Ich bin ja in meinem Leben mehrfach geflohen und habe mehrfach das Land gewechselt. Erst, als ich neun Jahre alt war, von Polen nach Deutschland, dann, als ich 18 Jahre alt war, von Deutschland nach Polen, dann wieder von Polen nach Deutschland, als ich 38 Jahre alt war. Das ging ein bisschen hin und her. Nur, um es kurz zu sagen, weiß Gott, ohne Selbstlob – das wäre ja kein Selbstlob –, ich fuhr so hin und her, freiwillig und nicht freiwillig, aber Heine und Thomas Mann kamen immer mit.

W. F. Schoeller   Thomas Mann, stelle ich mir vor, wäre Ihre Lieblingsrolle gewesen, nämlich der Mann, der mit gutem Recht sagen konnte: »Wo ich bin, ist deutsche Kultur, ist Deutschland.« Als Kritiker kann man das natürlich nicht werden; dennoch, der Repräsentant dieser Kritiker sind Sie in jedem Fall geworden, Repräsentant, aber Außenseiter.

M. Reich-Ranicki   Ja, ich habe ja mal über Heine geschrieben – vor vielen Jahren, als ich nicht daran dachte, dass ich mal eine Autobiographie schreiben werde –, dass er eben beides war, Repräsentant und dennoch Außenseiter – und Kafka umgekehrt: Repräsentant, weil Außenseiter. Das war ja das Große von Kafka, dass er in seinen Büchern das Schicksal der Außenseiter als typisch für die Epoche der Intellektuellen gezeigt hat. Aber wir wollen nicht über Kafka reden.

W. F. Schoeller   Sehr diskret, das Buch; jeder schlägt es auf und sagt: So, da kommt jetzt die Abrechnung mit dem Literaturbetrieb. Feindschaften, hin und her, Rache. Es ist ein sehr diskretes Buch für einen Menschen, der geradezu süchtig ist nach Klatsch und der es genießt, Geschichten zu hören – geradezu eine Meisterleistung an Diskretion.

M. Reich-Ranicki   Na ja, also, süchtig nach Geschichten, nach Klatschgeschichten … ja, aber erlauben Sie, dass ich ein Wort hinzufüge: nach Klatschgeschichten, die symptomatisch sind, die eine Figur charakterisieren.

W. F. Schoeller   Das weiß man immer erst, wenn man sie gehört hat.

M. Reich-Ranicki   … Natürlich, das interessiert mich.

W. F. Schoeller   Die Deutung dran?

M. Reich-Ranicki   Ja, das ist das eine. Nein, Abrechnung – ich wollte keine Abrechnung. Es gibt Menschen, denen ich viel verdanke – wenn die in dem Buch nicht vorkommen, dann versuchte ich wenigstens, sie in der Danksagung zu nennen. Alle die, die mir bei diesem Buch durch Informationen und Ähnliches geholfen haben, sind Menschen, die mir darüber hinaus viele Jahre eigentlich viel bedeutet haben und bedeuten, nicht nur im Zusammenhang mit diesem Buch. Abrechnung …

W. F. Schoeller   Ja, sehr verhalten.

M. Reich-Ranicki   Ja Verzeihung, ist das ein Vorwurf?

W. F. Schoeller   Nein, wieso soll das ein Vorwurf sein?

M. Reich-Ranicki   Eben, es ist verhalten, natürlich. Ich meine, ich habe ja auch über Erotik viel geschrieben. Da wirft mir einer vor: Sie hätten noch die Namen der Damen genau mitteilen sollen, vielleicht noch die Telefonnummern und die Faxe.

W. F. Schoeller   Nachdem Sie bei der *Frankfurter Allgemeinen* in Pension gegangen sind, ging's erst richtig los mit dem Fernsehen, mit dem *Literarischen Quartett*. Glauben Sie denn wirklich an die öffentliche Wirkung des Gesprächs über Literatur im Fernsehen?

M. Reich-Ranicki   Ich bin davon überzeugt – ich glaube es nicht, sondern ich bin 100-prozentig davon überzeugt. Sehen Sie, wir haben Beweise dafür, dass wir im *Literarischen Quartett* ein bestimmtes Buch der ernsten, guten Literatur – versteht sich von selber – lobend, preisend besprochen haben, und am nächsten Tag oder in der nächsten Woche sind 10 000, 20 000 Exemplare des Buches verkauft worden. Jetzt können Sie sagen – Sie eigentlich am allerwenigsten, aber andere Bösewichte können sagen –, ja, da sind viele Bücher verkauft worden; wurden sie auch gelesen? Weiß ich nicht. Es ist mir lieber, wenn gute Bücher verkauft und nicht gelesen werden, als dass sie überhaupt nicht verkauft werden. Dessen bin ich ganz sicher: Das *Literarische Quartett* ist eine sehr ernste Sache, aber doch auch ein Spiel. Das ist doch selbstverständlich ein Spiel. Und die Vorstellung mancher, dass am Ende einer Sendung des *Quartetts* dann die Sache abgeschlossen ist mit den Worten: »Und also sehen wir betroffen, den Vorhang zu und alle Fragen offen!« Und dann geht's los: Karasek und Frau Löffler und ich, und wir streiten jetzt über das Buch. Und dann: Sie haben aber zu Unrecht gesagt, dass … Und du hattest gar nicht Recht damit! Das stimmt nicht: Kein Wort sagen wir. Wenn alles zu Ende ist, gibt's für uns nur eine Frage: Was machen wir das nächste Mal? Dass einer hinterher noch darüber streitet, das gibt's nicht. Ich glaube, dass dieses Quartett sehr zur Popularisierung bestimmter Autoren und Bücher beigetragen und damit verschiedenen Autoren, verschiedenen Verlegern geholfen hat. Nur: Es wäre wirklich ungerecht, wollte man mich und meine Leistung nach dem *Quartett* beurteilen. Meine eigentliche Leistung ist und bleibt die geschriebene, die gedruckte Kritik. Das andere ist ein Spiel nebenher. Wir haben gedacht, wir werden das vielleicht ein Jahr lang machen, warum nicht. Nun sind's bald zwölf Jahre, dass wir es machen.

W. F. Schoeller   Hat es denn in Ihrem Leben jemals literaturlose Zeiten gegeben?

M. Reich-Ranicki   Literaturlose? Nicht ganz literaturlose, aber doch eine tiefe Enttäuschung, die die Literatur mir bereitet hat – im Grunde während des ganzen Zweiten Weltkrieges. Ich habe während des Zweiten Weltkrieges keine Romane gelesen. Ich hatte nicht die Geduld, Romane zu lesen. Stellen Sie sich vor, man beginnt einen Roman, und man weiß nicht, ob man bis zur Mitte kommen wird. Man wird schon erschossen, bevor man die Mitte des Romans erreicht hat. Ich habe während des Krieges zusammen mit meiner Frau gar nicht wenig Lyrik gelesen, deutsche und polnische Gedichte. Deutsche vor allem: Goethe, Heine und von moderneren Autoren halt zufällig – das habe ich geschildert – Erich Kästner, weil gerade eine Erich-Kästner-Ausgabe, die *Lyrische Hausapotheke,* in unsere Hände geraten ist und meine Frau für mich, weil man's nicht kaufen konnte, das ganze Buch mit der Hand abgeschrieben hat. Kästner war gerührt, als er das gesehen hat. Das Exemplar hat zufällig überdauert. Wir haben Lyrik gelesen. Wir haben viel über Literatur geredet. Ich glaube, ich habe im Zweiten Weltkrieg nicht einen Roman gelesen, aber ich habe so viel Musik gehört wie nur möglich. Es gab ja im Ghetto Konzerte, gute Konzerte, sehr gute Musik, natürlich nur bis zu einem bestimmten Zeitpunkt. Und es gab im Ghetto Schallplatten. Ach, wir waren gierig nach Platten. Wir trafen uns mit Freunden in Wohnungen, und da wurden – Langspielplatten gab's noch nicht – diese Platten gespielt, wo man immer neu auflegen musste, um Symphonien von Mozart oder Brahms zu hören. Musik hat auf mich stärker gewirkt als Literatur damals. Ich konnte mich auf Musik besser konzentrieren als auf Literatur.

W. F. Schoeller   Es gibt einen musikalischen Reflex offensichtlich auf die Zeit im Ghetto. Sie schreiben von einem Beethoven-Quartett, und etwas daraus ist die Titelmusik des *Literarischen Quartetts.*

M. Reich-Ranicki   Ja, im Ghetto wurde viel Musik für Streicher gespielt. Das hatte einen einfachen Grund. Die Juden, die sich im Getto fanden, waren viel, viel bessere Streicher als Bläser. Juden haben häufiger Violine als Posaune oder Horn gespielt. Das hat die Zusammenstellung des Symphonieorchesters etwas erschwert. Aber Musik für Streicher wurde immer wieder gemacht, auch jene Quartette, die man in Deutschland vor vielen Jahren schon von Streichorchestern spielen ließ, man hat zu den Celli einfach Kontrabässe hinzugefügt. Die Große Fuge von Beethoven Opus 133, die hatte schon Bülow vom Orchester spielen lassen. Und eine Sache, die sehr oft vom Streichorchester im Warschauer Ghetto gespielt worden ist, ist der letzte Satz des Rasumowskij-Quartetts Nummer 3 C-Dur von Beethoven. Und als man mich fragte, was für eine Titelmusik dieses *Literarische Quartett* haben soll, habe ich mir gedacht, Herrgott, im Andenken an jene Musiker, die das im Ghetto gespielt haben und die alle – ausnahmslos alle – vergast wurden, empfehle ich, *bitte ich* um diese Musik aus dem letzten Satz des Streichquartetts von Beethoven Opus 59 Nummer 3. Das ist der Hintergrund. Und warum Musiker alle vergast wurden, kann ich Ihnen auch erklären. Berufsmusiker sind in der Regel nicht sehr tüchtige, umtriebige Menschen, die so mit dem Leben zurechtkommen. Man musste ein bisschen die Kraft haben, durchhalten zu wollen. Es waren ja auch keine Leute in meinem Alter. Die Musiker waren schon 30, 40, nicht 20 wie wir, die wir ja sehr jung waren. Die Musiker haben ja alle, als sie deportiert wurden, ihre Instrumente mitgenommen, alle. Nur die Pianisten nicht. Aber wer Violine spielte oder auch Cello, Klarinette, nahm immer sein Instrument mit – keine Kleidungsstücke, nur ein Instrument, denn die Deutschen lieben ja Musik. Irgendwo, wo wir hingebracht werden, hat mir eine Geigerin, mit der wir befreundet waren, gesagt, werden sie sehen, dass ich 'ne Geige habe. Vielleicht werde ich denen das Bach'sche Konzert E-Dur vorspielen, das ich so oft gespielt habe. Das wird mein Leben retten. Aber diejenigen, die auf die Juden in Treblinka oder in Auschwitz warteten, die haben vom Bach'schen Konzert E-Dur nichts gewusst. Und diese Musiker – die Musik hat ihnen nicht geholfen – wurden alle vergast.

W. F. Schoeller   Nicht nur, dass wir etwas Unbekanntes aus Ihrem Leben erfahren, sodass ein Vorhang, der über Ihrer Autobiographie lag, nun weggezogen ist, sondern es gibt auch neue Töne. Für einen Menschen, der so beredt ist, ist die häufige Berufung auf das Schweigen ziemlich neu und ziemlich eigentümlich.

M. Reich-Ranicki   Aber hoffentlich kein schlechtes Zeichen. Hoffentlich ist das, Sie werden mir es zugeben, erlaubt, dass man vielleicht mit dem Alter zum Ergebnis kommt, dass es Dinge gibt, über die man schweigen darf. Ich pflege da mit einem höhnischen Wort zu antworten: Wir leben in einem freien Land. Also, man hat auch die Freiheit, über gewisse Dinge nicht zu schreiben oder nur kurz zu schreiben. Und schweigen – schweigen auch aus noch einem Grund, nicht was so viele meinen, um Lebende zu schonen und so – ja ja, das alles kommt hinzu –, schweigen auch deshalb, weil ich mir immer wieder beim Schreiben die Frage stellte: Wen geht das heute an?

Kritikers Kummer – Kritikers Freud

Ein Gespräch mit Joachim Kaiser

M. Reich-Ranicki   Meine Damen und Herren, wir beide haben ja einen etwas sonderbaren Beruf. Wir sind Kritiker. Als ich im Telefonbuch in Hamburg vor 30 Jahren neben meinen Namen die Eintragung »Kritiker« wünschte, wurde das verweigert. Man bot mir an: Journalist oder Schriftsteller. Beides behagte mir nicht. Kritiker hat man abgelehnt. Dann sagte ich: Literat. Dann hielt man mich für wahnsinnig.

Also ein sonderbarer Beruf. Er ist wohl sonderbar deshalb, weil es Jahrtausende lang Literatur ohne Kritik gab. Es ging alles gut, die Kritiker waren gar nicht nötig, vollkommen überflüssig. Die Antike kannte keine Kritik. Natürlich, eine Ästhetik wurde geschrieben, mal in Athen, mal in Rom. Natürlich, wir sind gebildete Menschen, wir könnten sie gleich aufzählen, die bedeutenden Werke. Richtige Kritik war es nicht. Natürlich hat man nach den Premieren der Stücke von Sophokles oder Euripides, die immer auch gleich die Dernieren waren, hinterher auf dem Marktplatz diskutiert. Aber eine richtig publizierte Kritik gab es nicht, und im Mittelalter auch nicht.

Wann beginnt die Kritik? Das ist eine wichtige Frage und eine einfache Antwort. Ohne Gutenberg keine Kritik. Denn Kritik ist nicht eine Begleiterscheinung – Joachim Kaiser wird wahrscheinlich etwas widersprechen – der Literatur, sondern eine Begleiterscheinung, ein Produkt, der Presse. Erst als Zeitungen entstanden, musste mitgeteilt werden, dass da Bücher irgendwo erschienen sind. Und in dem Augenblick, da in der Zeitung bei dem einen Buch, Autor, Titel, Preis und Seitenzahl stand und bei dem anderen Buch drei Zeilen mit der Inhaltsangabe, war das schon der Anfang der Kritik. Denn gleich hat der eine Verleger von damals sich beschwert, dass der andere Verleger gut behandelt, besser als er behandelt wird. Ich glaube, die Kritik ist ein reines Presseerzeugnis.

Wenn man sich heute überlegt: Was ist das nun? Welcher Gattung ist das zuzuschreiben? Da würde ich definieren: Kritik ist nicht Literatur. Kann Literatur sein, aber Kritik ist nicht von vornherein beabsichtigt und geplant als Literatur. Sie ist eine Mischung aus Journalistik und Wissenschaft. Das sind die beiden Komponenten, die unbedingt dabei sein müssen. Alle wissen wir, wenn Lessing Kritiken geschrieben hat oder Fontane oder Kerr, war es auch Literatur. Aber das muss nicht unbedingt sein. Aber Journalismus und Wissenschaft, diese beiden Komponenten müssen drinnen sein.

J. Kaiser   Es gab in der Antike schon ein bisschen Kritik, die nannte man Satyrspiel. Wenn die großen Tragödien aufgeführt worden waren, dann wurden sie zum Schluss im Satyr-spiel durch den Kakao gezogen. Das war so die erste Form von Kritik. Und dann würde ich sagen, nicht nur der Guten-berg musste kommen, damit es Kritik geben kann, sondern vor allen Dingen der freie Bürger. Der Kritiker ist ja sozusa-gen aufgetreten, nachdem die feudale und klerikale Setzung vorbei waren, nachdem die nicht mehr bestimmen durften, was ist – da erschienen die Tageszeitungen. Kritiker ist nichts, was man lernt oder wofür man eine Ausbildung hat, oder wo man sagt, so wie man ein Chirurg wird, so wirst du Kritiker. Du musst das und das und das machen, dann kriegst du ein Diplom. Sondern – das wissen die meisten Menschen gar nicht – Kritiken schreiben kann prinzipiell je-der, wenn er das Glück hat, dafür einen Verleger zu finden, oder wenn er reich genug ist, ein Blatt zu haben. Das heißt, es kommt der Bürger und sagt: Ich möchte mich auch dazu äußern – dass wir später Spezialisten wurden und die Leute manchmal sagen: Man versteht die Kritiker gar nicht usw., das sind schon schlechte Entwicklungen. Aber zunächst mal ist ganz klar, ist äußerst wichtig: das bürgerliche Zeitalter. Der freie Bürger sagt: So, ich möchte mitreden, und ich habe glücklicherweise auch die Zeitung, wo ich das kann, ich möchte mich dazu äußern. So fing das an. Das heißt, das hat mit Gutenberg zu tun, aber auch mit dem Erscheinen …

M. Reich-Ranicki Vielleicht wollen wir eine Formulierung finden: Die Kritik ist eine Begleiterscheinung der modernen Presse und ein Produkt der Aufklärung. Da hätten wir den

Bürger, der seine Ansicht äußert, und da haben wir die Situation.

J. Kaiser   Dass es auch eine Dialektik der Aufklärung gibt, dass die Kritik, die am verkäuflichsten ist, die erfolgreichste ist, was ja nicht unbedingt immer die wichtigste oder bessere sein muss, darauf kommen wir noch später. Aber Tatsache ist: Der Bürger, die Aufklärung und sozusagen das geistige Ereignis, das seinem Wesen nach nicht anders als durch eine kritische Diskussion begriffen werden kann. Ich glaube, in den Naturwissenschaften braucht man wohl keine Kritiker. Die können mit Experimenten beweisen, da kann gemessen werden. Die können sich gegenseitig sozusagen widerlegen, aber die Kritik, das Geschmacksurteil, die Urteilskraft, die ist für die Dinge der schönen Kunst da. Da lässt sich anders die Wahrheit nicht herstellen als im kritischen Kleinkrieg und Großkrieg, denke ich.

M. Reich-Ranicki   Ja, und wie schaut es aus mit dem Vorschlag, das eine Synthese aus Journalistik und Wissenschaft zu nennen? Ist das akzeptabel?

J. Kaiser   Mir fehlt, ehrlich gesagt, die Kunst. Das Musische. Ein Kritiker, der nicht musisch ist, kann ungeheuer einflussreich sein, aber mich interessiert er nicht sehr. Wenn er sich über musische Dinge äußert, dann muss er die Fähigkeit haben zu verbalisieren, was sich jenseits der naturwissenschaftlichen und der juristischen Legalität innerhalb eines Werks abspielt. Er kann das nicht beweisen, aber er muss versuchen, es zu verbalisieren. Darauf kommt es an. Und das kann man, glaube ich, nicht, wenn man nicht ein bisschen die Fähigkeit hat, in ein anderes Werk hineinzukriechen. Wir werden ja auch auf unsere Eitelkeit mit Recht angesprochen. Ich sage immer, wir haben ja auch einen Beruf, wo man sich ständig in andere Dinge hineinversetzen muss.

M. Reich-Ranicki Ich meinte etwas anderes. Dass man die Fähigkeit haben muss, sich in ein literarisches Kunstwerk oder gar in ein musikalisches hineinzuversetzen, es darzustellen, zu beurteilen, das ist alles klar. Das ist alles nötig. Aber muss das Produkt des Kritikers, die Kritik, eine literarische Leistung sein? Ist das wirklich nötig? Ja, ist es nicht gelegentlich sogar schädlich, wenn der Kritiker allzu literarisch sich äußert?

J. Kaiser Das hängt sicherlich von dem Gegenstand ab, über den er handelt. Alfred Kerr hat ja gesagt – und übertriebene Bescheidenheit war, glaube ich, auch nicht seine Stärke –, dass seine Kritiken bedeutender sind als die Gegenstände, denen er sie zuwendet. Und manches hat er tatsächlich so gut geschrieben, dass er nicht einmal ganz Unrecht hat. Ich finde, es gibt Kritiken, die sind so literarisch, dass sie sozusagen sich der Urteilspflicht entschlagen. Dass man also plötzlich das Gefühl hat: Ich lese da einen klugen Essay, dem ist eine ganze Masse eingefallen, teils Positives, teils Negatives, er macht auch noch eine schöne Einleitung, einen schönen Schluss. Das ist nicht das, was mir vorschwebt. Aber eine Kritik, die sozusagen nur Zensuren gibt, die nur sagt: Der König war gut, und die Königin ist schlecht, und auf das Kind sind wir gar nicht mehr neugierig, das ist zu wenig. Es muss schon ein künstlerisches Moment dabei sein.

M. Reich-Ranicki   Ja, ja. Nur, wenn die Kritik gar zu gut geschrieben ist, kann es da nicht passieren, dass der Gegenstand der Betrachtung verloren geht, aus dem Auge verloren wird?

J. Kaiser   Die Gefahr ist in Deutschland gering, wenn ich mich unter den Kollegen umsehe.

M. Reich-Ranicki   Wir wollen doch nicht über die Gegenwart reden. Unsere Kollegen sind alle hervorragende Kritiker. Wir wollen lieber über die unferne Vergangenheit reden. Kerr hat bei manch einem Werk, über das er geschrieben hat, gesagt, von diesem Werk wird meine Kritik bleiben. Es gibt eine solche Kritik von Kerr über ein Lustspiel von Alfred Döblin. Die meisten von Ihnen haben bestimmt nicht gewusst, dass Döblin mal ein Lustspiel geschrieben hat. Es ist besser, das zu vergessen. Kerr hat es verrissen und hat gesagt: Nur diese Kritik wird bleiben. Und in der Tat: Die Kritik ist viel interessanter als das Lustspiel. Die Frage ist nur: Kerr ist für uns unerhört wichtig – ich halte Kerr für ein ganz großes Talent, seine Theorie der Kritik aber für indiskutabel. Die Theorie kann ich in zwei Sätzen hier sagen, sie ist ganz einfach. Sie ist postromantisch. Er hat über die Romantik, über Brentano promoviert und wurde natürlich nicht Professor. Die meisten Kritiker waren damals in Deutschland Juden, weil sie in der wilhelminischen Zeit nicht Professoren werden konnten. Dann wurden sie eben Kritiker, Journalisten.

Kerrs Theorie der Kritik kann man in drei Zeilen referieren, sie lauten etwa: »Bis heute«, sagte Kerr, »gab es drei Gattungen der Literatur, Epik, Dramatik und Lyrik. Ab heute vier: Epik, Dramatik, Lyrik und Kritik.« Kritik als gleichberechtigte Gattung der Literatur. Das halte ich für absolut falsch. Sie ist eine Hilfsdisziplin, sie hat zu dienen, die Kritik. Wem? Nicht dem Intendanten, nein, nein, Herr Everding. Nicht dem Intendanten hat die Kritik zu dienen. Sie hat zu dienen, der Literatur, der Musik, dem Theater und wohl auch in gewissem Sinne, dürfen wir sagen, den Lesern der Zeitung.

J. Kaiser Dem Publikum, ja, das nicht zu vergessen. Ich würde übrigens doch, so gern ich das Selbstbewusstsein Kerrs zur Kenntnis nehme, sagen: Die Feststellung, die Kritik ist eigentlich viel besser als das Stück, hätte er doch einem Kollegen überlassen sollen. Dass er es selber sagt, das scheint mir doch eine gewisse Unbefangenheit gegenüber der eigenen Größe …

M. Reich-Ranicki Von Schuld und Fehle bewahrt die kindlich reine Seele! Also Kerr war schon oft unerträglich. Aber er war ein großes Talent.

J. Kaiser Aber wollen wir nicht zu unserer Anfangsfrage zurück? Also erst mal ist da die Sache mit der Brillanz. Wenn man einigermaßen schreiben kann und einigermaßen sein Handwerk beherrscht, dann ist dieses Können nicht nur eine Verführung wie jedes Können – das gilt für jeden Pianisten und für jeden Menschen, der sozusagen Virtuose ist in seinem Fach –, sondern das Können lässt die Bedenken und die

Zweifel, die man hat, verschwinden. Wenn ich z. B. eine Kritik über einen Gegenstand schreibe wie den Roman von Irene Dische. Das ist ja doch sehr heikel. Man muss sich fragen: Trägt das auch? Ist sie nicht vielleicht ein bisschen zu kokett? Sie kommt vom *New Yorker* her, und da wäre noch dies und das. Wenn man dann die Kritik fertig hat, selbst wenn man diese Zweifel äußert, klingt immer alles – wenn man sein Handwerk einigermaßen beherrscht – sozusagen zwei, drei Dimensionen überzeugter und überzeugender und eindeutiger, als es ist. Ich finde, man sieht das Zeitungspapier und man sieht den gut gemachten Aufsatz. Und schlechte Aufsätze wollen wir ja nicht schreiben, wenn es irgend zu vermeiden ist. Man sieht dem gut gemachten Aufsatz zu wenig die Zweifel und die Unüberzeugtheiten an. Wenn man dann zum Schluss formuliert hat, hat man immer das Gefühl: Donnerwetter, der ist einig mit sich selbst und so. Das ist für mich eine schwierige Begleiterscheinung des gekonnten Berufs. Aber wenn man ihn nicht kann, ist es auch nicht schön.

M. Reich-Ranicki   Wenn ich es richtig verstanden habe: Die Zweifel und Bedenken des Kritikers sollten richtig erkennbar werden, sie sind oft zu wenig erkennbar.

J. Kaiser   Ja.

M. Reich-Ranicki   Das habe ich oft ’68 gehört. Und manchem von uns, mir auch, wurde ’68 der Vorwurf gemacht: Er reflektiert nicht seine eigene Arbeit innerhalb der Kritik. Das war eine Unverschämtheit, ein solcher Vorwurf, eine geradezu empörende Unverschämtheit. Denn hätte ich das getan, was der erwartet, hätte ich meine Arbeit, wie man damals sagte – pfui Deibel – reflektiert, dann hätte der gesagt: Der Mensch ist so eitel, dass er, statt den Platz, den er hat, dem Werk zur Verfügung zu stellen, über das er sich äußert, über sich redet und beschäftigt uns mit seinen Zweifeln, seinen Kriterien und dergleichen. Nein, ich bin da ganz anderer Ansicht. Man soll die Zweifel nicht verheimlichen, die Bedenken, nur: Die meisten Zweifel hat der Kritiker mit sich selber abzumachen, hat sich zu entscheiden, er soll zum Leser mit einem Resultat kommen. Denn sonst entstehen diese Kritiken »Einerseits, andererseits«. Man soll sich entscheiden. Und ich muss sagen, ich habe oft Kritiken geschrieben, wo ich Bedenken hatte, aber das Buch für gut und wichtig hielt. Da habe ich die Bedenken so knapp wie möglich gehalten. Ich will, dass dieses Buch Erfolg hat, dann werde ich das nicht stören, werde nicht sagen: Ja, aber im dritten Kapitel gibt es eine Episode, die ist vielleicht überflüssig. So wie gestern, als wir über das Buch der Margriet de Moor geredet haben. Es gibt einige Passagen in diesem Roman, die sind eigentlich nicht unbedingt nötig. Mit solchen Argumenten kann man immer operieren. Im *Faust* gibt es auch Passagen, die vielleicht nicht ganz unbedingt nötig sind.

J. Kaiser   Also der Martin Buber hat mal gesagt: Das Schöne an menschlichen Missverständnissen ist, dass sie Gespräche möglich machen. Wenn man sich überhaupt nicht missversteht, ist immer gleich alles fertig. Insofern haben Sie mich eben missverstanden. Ich habe nicht gesagt, der Kritiker soll sich fortwährend selbst reflektieren, das wäre zu viel. Sondern ich habe gesagt: Es ist ein Fluch oder eine Begleiterscheinung des Schreiben könnenden Talents, dass die Sachen als Ergebnis etwas glatter werden, als sie vielleicht vor der eigenen Seele stehen.

Neulich sagte mir z. B. ein Student: Es ist doch unglaublich, dass der André Gide bei Proust dem Verleger Gallimard nicht zugeredet hat. André Gide wollte das große Romanwerk von Proust nicht bringen, der hat gewarnt. Später hat er sich überzeugen lassen. Und ich finde, dass der Gide überlegt hat: Trägt das? Hält das sieben Bände? Ist das nicht vielleicht doch zu viel Spekulation über feines Seelisches und wer bei welcher Herzogin eingeladen ist und wer nicht? Ich finde, alle diese Überlegungen, die sich sehr schwer dingfest machen lassen, müssen in einer Kritik auch, und sei es nur in Nebentönen, herauskommen. Das heißt nicht, dass man sich sozusagen irgendwelche Sicherungen einbaut und später sagt: Ich habe es auch gesagt.

M. Reich-Ranicki   Eine Frage!

J. Kaiser   Ja?

M. Reich-Ranicki   Sind Sie ganz sicher – ich frage erst, ich möchte etwas wissen.

J. Kaiser   Ja.

M. Reich-Ranicki   Ich möchte heute Abend mich nämlich nicht nur amüsieren, sondern auch etwas erfahren. Sind Sie ganz sicher, dass der Gide der Ansicht war – ich kenne die Anekdote ganz anders –, dass das die sieben Bände von

Proust nicht tragen wird? Ich kenne das ganz anders, welche Fassung richtig ist, weiß ich nicht. Ich habe die Sache so gehört: Der Gide hat das bekommen, hat das aufgemacht an irgendeiner Stelle und einen Satz gelesen. Der Satz war sehr lang und nicht sehr gut. Das gibt es bei Proust. Und da hat er gesagt: Also, wer solche Sätze schreibt, der kann keine sieben Bände schreiben, das hat keinen Zweck, das ist ja unmöglich, dieser Satz. Und hat damit die Sache abgelehnt. – Das steht, glaube ich, bei Gide. Sein Fehler war, wie er selber meinte, seine Sünde, dass er zu schnell das Urteil gefällt hat, ohne sich in die Sache überhaupt vertieft zu haben. Das waren nicht Zweifel hinsichtlich des Werks, sondern: Der Mann kann doch nicht schreiben!

J. Kaiser   Na ja, aber der Proust hatte ja schon 'ne ganze Masse veröffentlicht, hatte ja schon den *Jean Santeuil*, hatte ja schon seine Auseinandersetzung mit dem größten französischen Kritiker veröffentlicht, mit Sainte-Beuve. Proust galt als Autor vielleicht ein bisschen als eleganter Schnösel, aber als Autor war er doch schon da. Wenn von dem ein Buch kommt und der André Gide macht das auf … ich glaube, das ist eine nachträgliche Stilisierung, dass er sagt, mir ist da ein dummer Satz aufgefallen, so ein germanisches Kuckucksei für die Franzosen, denen war der Proust viel zu deutsch, so lang und psychologisch. Wer weiß, wie das wirklich war.

M. Reich-Ranicki   Sie haben den Namen Saint-Beuve genannt. Das bringt mich auf eine Frage, die doch für uns nicht unwichtig ist. Saint-Beuve hat als Kritiker in der Regel nicht über lebende Autoren geschrieben. Sollte er nicht für uns alle ein Vorbild sein? Wie viel Kummer hätten wir uns erspart, wenn wir wie Sainte-Beuve über Martin Walser und Günter Grass und Uwe Johnson, als er noch lebte, nicht geschrieben hätten und uns mehr mit Gottfried Keller und Theodor Storm beschäftigt hätten, vielleicht noch mit Wilhelm Raabe. Ich weiß es nicht. Unser Kummer besteht doch darin, dass die Autoren immer unzufrieden sind und uns das Leben schwer machen, obwohl natürlich die Autoren die Sache umgekehrt darstellen, dass wir ihnen das Leben schwer machen. Also im Grunde genommen, überlegen wir uns mal: Wozu schreiben wir eigentlich Kritiken? Das ist doch eine ernste Frage.

Also gut, der erste Grund ist sozusagen der pure Egoismus. Es macht Spaß zu schreiben, man drückt sich gern aus, man möchte überlegen sein. Man hat so das Gefühl: da tue ich etwas, was vielleicht bleibt. Wer das nicht zugibt, dass das durchaus ein Grund fürs Schreiben ist, dass das Ego sich ein bisschen aufspielt und daran Spaß hat, der mogelt sich was vor.

J. Kaiser   Mit diesem Punkt bin ich vollkommen einverstanden. Nur eine Einschränkung: Es gibt heutzutage Kritiker – ich bin ganz sicher –, denen macht das Schreiben von Kritiken überhaupt keinen Spaß, und die Lektüre dieser Kritiken ist dann eine Qual. Aber bitte … ja, ich glaube, dass denen vorher schon das Zuhören und das Lesen keinen Spaß gemacht hat.

Aber es ist nicht fair, wenn wir jetzt immer keine Namen

nennen, und jeder weiß genau, wen wir meinen, und nur uns finden wir ganz fabelhaft. Davon müssen wir doch irgendwie wegkommen. Es ist ja auch noch ein Zweites: Jedes Ich schwankt doch zwischen dem Gefühl, einzig zu sein, und der Einsicht in das Faktum, dass es nicht so ist. Auch da ist beim Kritikenschreiben etwas mit drinnen: Ich möchte doch meine Individualität festhalten, obwohl mit Händen zu greifen ist, dass sie so furchtbar groß vielleicht gar nicht ist.

Das Nächste – und deshalb klappt es nicht, wenn Leute Kritiken schreiben, die sagen: Ich habe das mein Leben lang nicht gemacht, aber jetzt bin ich ein alt gewordener Kapellmeister oder ein alter Regisseur. Ich verstehe vom Handwerk viel mehr als diese Idioten, die immerfort darüber schreiben. Jetzt schreibe ich Kritiken. Dann wird sich meistens zeigen, die machen das ein-, zweimal ganz schön, und dann verlieren sie die Lust, weil nämlich etwas nicht erlernt werden kann, was enorm wichtig ist, was ich sozusagen für das Elementarste halte, das ist der Äußerungstrieb. Wie oft sagt mir jemand: Das muss doch furchtbar für Sie sein, in das Konzert zu gehen und sich danach kritisch äußern zu müssen, und wir anderen sind so selig, wir sitzen da und hören das, und Sie müssen immer darüber schreiben. Und dann antworte ich stets: Ich höre die falschen Töne auch, wenn ich zum Spaß hingehe. Also, es ist nicht so, dass man quasi kritisch hört, wenn man kritisch hören muss, und dass man unkritisch hört, wenn man zum Spaß hingeht. Das habe ich nie begriffen.

M. Reich-Ranicki   Dennoch, Augenblick mal, so einfach ist das nicht. Ich sehe das ein bisschen anders. Es gab mal in einer deutschen Zeitung, nämlich in der *Süddeutschen Zeitung,* eine Äußerung von Max Frisch darüber, ob er zufrieden mit der Kritik sei oder nicht. Ich erinnere mich, diese Äußerung endete – es ist ungefähr 25 Jahre her – mit den Worten »keine Beschwerden meinerseits«. Und dann sagte er: Ich stelle es mir wahnsinnig schwer vor, wenn die Theatervorstellung – also wenn er Kritiker wäre –, die ich sehe, das Konzert, das ich höre, das Buch, das ich lese, wenn es in jedem Fall eine Prüfung wäre, eine Prüfung auf meine Geistesgegenwart, meine Fähigkeit, auf Literatur oder Musik zu reagieren, diese Reaktion zu verbalisieren, zu formulieren. Das stelle ich mir schrecklich schwer vor, eine Prüfung jedes Mal. Ich glaube, das ist gar nicht falsch, was er gesagt hat. Es ist schon ein großer Unterschied, für mich ist es das jedenfalls. Ich habe mal eine Zeit lang nebenher auch Theaterkritiken geschrieben in den 60er Jahren, lange her. Sie sagen zu Recht: Die falschen Töne hören Sie, ob Sie über das Konzert schreiben werden oder nicht, sowieso. Aber damals, als ich Theaterkritiken schrieb, da gehe ich in eine Aufführung, *Richard III.* sehe ich oder den *Hamlet,* und gucke mir das an, habe mein Vergnügen oder mein Missvergnügen. Ich muss mir aber, wenn ich darüber eine Kritik schreiben soll, schon anders die Sache ansehen. Ich muss die ganze Zeit prüfend das Ding sehen. Das ist ein großer Unterschied, ob ich ein Buch lese, um darüber eine Kritik zu schreiben, oder nicht.

J. Kaiser   Ich glaube Ihnen nicht. Wenn Sie ins Theater gehen und die Aufführung ist schlecht, Sie sagen das der Klofrau sofort. Es ist doch nicht so, dass Sie dann vergnügt dasitzen und sagen: Ich brauche ja meine Argumente nicht zu ordnen, ich schreibe keine Kritik. Das glaube ich Ihnen nicht.

M. Reich-Ranicki   Ich sage es übrigens nicht nur der Klofrau, ich sage es meiner Ehefrau. Wenn die Schauspieler in Hamburg darum gebeten haben, mir keine Karten in der ersten Reihe zu geben, weil mein Benehmen die Bühnendarsteller störe …

J. Kaiser   Sehen Sie, da haben Sie sich eben harmloser gestellt, als Sie offenbar sind … Wenn Sie sagen, es ist jedes Mal eine Prüfung, das stimmt. Übrigens hatte ich genau diesen Satz von einem zu unserer Ehre Anwesenden gehört, nämlich von Herrn Everding. Herr Everding hat mal zu mir gesagt: Diese ständigen Inszenierungen, die man machen muss. Jedes Mal ist die Premiere wie ein Abitur. Das gehört zum öffentlichen Beruf. Ich frage mich oft – man sichert sich ja vorher ab. Wenn z. B. ein neues heikles Stück oder etwas Komplizierteres gegeben wird, dann ist es sogar die Frage, ob man dem Publikum gegenüber fair ist, wenn man sich einen allzu großen Erkenntnisvorsprung verschafft. Wenn man sich also die Sekundärliteratur besorgt, das Stück zweimal liest und präpariert ins Theater geht, dann können einem scheußliche Missverständnisse nicht passieren. Was glauben Sie, das wird natürlich von Kollegen gern weitererzählt, was es schon an Blamagen gegeben hat. Da gibt es z. B.

ein Stück von Martin Walser, *Eiche und Angora,* da singt jemand besonders schön, weil er im KZ entmannt worden ist. Der hat eine ausgesprochen hohe, schöne Stimme. Das ist einem damaligen Münchner Kritiker, den längst der grüne Rasen deckt, nicht klar geworden. Der sagte: Ich weiß gar nicht, warum der so schön gesungen hat. Verstehen Sie, das kann einem passieren, und man blamiert sich dann, um das mal beim Namen zu nennen.

M. Reich-Ranicki   Hier kann ich gleich ein Beispiel nennen, nicht eines Irrtums, sondern einer prinzipiellen Handlungsweise. Der Kritiker Friedrich Luft, den ich sehr geschätzt habe und der meiner Ansicht nach als Kritiker immer unterschätzt wurde, hat eine prinzipielle Ansicht vertreten: Ich lese kein Stück, bevor ich es in der Premiere gesehen habe, ich will es so sehen wie der normale Zuschauer. Uraufführungen unbekannter Stücke oder wenn ein Shakespeare-Stück gespielt wurde, das er seit 30 Jahren nicht auf der Bühne gesehen hat, das kümmert mich nicht, ich gehe ins Theater und gucke mir an, was auf der Bühne ist. Ich halte das für falsch. Aber er hat das auf seine Weise gut gemacht.

J. Kaiser   Es kommt darauf an. Friedrich Luft schrieb ja schließlich für *Die Welt* und den *Tagesspiegel* usw. Wenn man für eine Boulevardzeitung schreibt, würde ich das für statthaft halten, dass man sagt: Ich will keinen Vorsprung, ich bin Publikum, und wenn ich es nicht kapiere, dann kapieren es die meisten anderen auch nicht. Wieso soll ich ungeheuer vorbereitet mit Wissen usw. …

M. Reich-Ranicki   Halt, halt. Soll der Kritiker, sagen wir mal, der Theaterkritiker, nicht mehr verstehen vom Theater als das Publikum? Vielleicht doch.

J. Kaiser   Das ist sehr die Frage. Ich würde sagen, es gibt zwei Typen. Ich z. B. würde mich immer, wenn es geht, vorbereiten, weil doch ein Urteil, das in einer großen, gar überregionalen Zeitung verbreitet wird, enorme Folgen hat. Und wenn man dann irgendetwas nicht kapiert hat oder es ist einem was entgangen oder – du lieber Gott, es können ja die tollsten Sachen passieren – dann kommen diese fürchterlichen …

M. Reich-Ranicki   Im Publikum einer Aufführung, vom *Fliegenden Holländer* oder vom *Tannhäuser*, sitzt einer, der das einmal, vielleicht vor zehn Jahren, gesehen hat, und jetzt geht er hin, guckt sich's an und schreibt, was der Everding da inszeniert hat. Everding hat an der Inszenierung ein Jahr gearbeitet und ein halbes Jahr oder vielleicht drei Monate geprobt. Und da kommt einer, guckt es sich an und sagt: Ja, das war schön, das war nicht schön. Nein, nein, nein, das geht nicht. Der Kritiker hat die Pflicht, sich den Gegenstand, also das Werk, genau anzusehen, also den Text, die Partitur, bevor er in die Vorstellung geht.

J. Kaiser   Finde ich auch. Aber das, was Sie eben so schön geschildert haben, dafür gibt es ein Adjektiv. Das nennt man den impressionistischen Kritiker. Der impressionistische Kritiker sagt: Ich lasse es am Abend darauf ankommen. Und ich würde z. B., wenn es sich um ein hübsches Musical dreht oder so, sagen, das ist durchaus eine anständige Haltung, wenn man sich vornimmt: Ich gehe da hin, möchte mich amüsieren. Mal sehen, wie es mir gefällt, ich lese jetzt nicht den Text. Oder verlangen Sie das auch?

M. Reich-Ranicki   Nein, nein. Also wir wollen über ernste Dinge reden. Musical lassen wir mal. Das ist eine andere Frage. Aber ich glaube, man muss sich schon ein bisschen Mühe geben. Das ist eine Frage, die wir noch gar nicht behandelt haben, nämlich die Verantwortung des Kritikers.

Aber Sie sagten vorher: Sie schreiben Kritiken, a) weil es Ihnen Spaß macht, b) weil Sie das Bedürfnis haben, sich zu äußern, oder c) es gibt noch einen Grund, weshalb Sie Kritiken schreiben.

J. Kaiser   Der Punkt c) ändert sich. Als junger Mensch schreibt man abweisende Kritiken, schreibt man defensive Kritiken. Als junger Mensch, das ist ja in Ordnung, hat man bestimmte Dinge, die einem vor Augen stehen, die man für wichtig hält. Auf alles andere ist man böse. Man ist sowieso der Gesellschaft voraus, man hat ein klares Bild. Man sagt also, das und das ja und das nicht, man wehrt ab.

Wenn man älter wird, jedenfalls geht es mir so, dann macht es mir – im Gegensatz, glaube ich, zu Ihnen – immer weniger Spaß zu sagen: Das ist aber fürchterlich schlecht. Zumal ich auch weiß, niemand ist mit Absicht schlecht. Wenn jemand mittelmäßig ist und ich reibe es ihm ungeheuer unter die Nase, wird er das nächste Mal noch ein bisschen schlechter sein. Also es ist ein bisschen unbefriedigend, immerfort zu sagen: vier minus! Es macht mir unendlich viel mehr Spaß zu sagen: Da ist ein tolles Talent, kauft euch 'ne Platte von der Ginette Neveu, oder, aus dem und dem Autor kann was werden, und ich möchte euch mal erklären, wie schön der *Parsifal* ist. Zu Deutsch: Mir macht es, je älter ich werde, desto mehr Spaß – wir Menschen haben doch ein begrenztes Leben, das Dasein ist nicht ganz leicht – dass man werbend darauf hinweist: Da gibt es noch das und das, was leider aus vielen Gründen nie aufgeführt wird. Es existieren so wenig Quintett-Vereinigungen, aber die Streichquintette von Mozart und Schubert sind die schönste Musik, die es gibt. Hört da mal hin, auch wenn viel mehr Quartett-Abende stattfinden. Das macht mir eigentlich mehr Spaß. Ich möchte so gut, wie ich das kann, den Menschen etwas helfen. Das halte ich für wichtiger, als immerfort zu sagen: Der ist dumm und ich bin klug.

M. Reich-Ranicki Merkwürdigerweise wird uns immer wieder vorgeworfen, es mache uns wirklich Spaß, nur Verrisse zu schreiben. Das Verreißen wird uns nachgesagt als eine vergnügliche Tätigkeit, der Kritiker, der bösartig Gemeines über Produkte der Musik und der Literatur von sich gibt. Die Wahrheit ist doch, dass das, was wirklich Genugtuung bereitet, doch wohl nicht ist, dass man irgendwelche Werke als minderwertig erkannt und ihren Triumphzug verhindert hat, sondern dass man irgendwelchen Werken zum Erfolg verholfen hat, die wohl ohne uns auch erfolgreich wären, aber später und langsamer. Also der Weg zum Sieg dauert bei manch einem Autor lange. Wenn er einen Kritiker findet, der gleich beim ersten oder zweiten Buch sagt: Dies ist ein Schriftsteller von Talent, dann hat der Kritiker etwas sehr Wichtiges getan. Aber Augenblick, entschuldigen Sie, ich muss zu einer Frage zurückkehren. Mir missfällt da eine Sache: Sie schreiben, weil es Ihnen Spaß macht. Ich auch. Sie schreiben, weil Sie ein Mitteilungsbedürfnis haben. Ich auch. Eins haben Sie nicht gesagt, das für mich jedenfalls zutrifft: Ich schreibe Kritiken unter anderem auch deshalb, weil ich nichts anderes gelernt habe. Die Kritik ist mein Beruf, ich habe gar keinen anderen. Jetzt haben Sie vorhin gesagt …

J. Kaiser   Doch, Sie könnten als Vortragender in Universitätsaulen viel Geld verdienen.

M. Reich-Ranicki   Also, es ist ein Beruf, den wir ausüben, und wir verdienen Geld. Das wollen wir mal nicht vergessen. Wir verdienen Geld, und wenn wir unsere Arbeit gut machen, haben wir uns manchmal auch eine gewisse öffentliche Achtung erworben.

J. Kaiser   Sie haben die Schallmauer durchbohrt, seien Sie jetzt nicht zu bescheiden. Sie sind doch so bekannt wie der Justus Frantz und der Karajan.

M. Reich-Ranicki   Also Karajan ist schon besser als …

J. Kaiser   Wir müssen ja auch versuchen, einen Streit, wenn er schon nicht wirklich da ist, zu inszenieren. Das ist – wie soll ich sagen – die Differenz: Sie haben eben schon gesagt: Sie mögen nicht diese Zwar-aber-Kritiken, einerseits, andererseits und so. Sie wissen, dass ich Ihnen manchmal vorwerfe, bei Ihnen wird zu oft 10:0 gewonnen oder verloren, während ich der Ansicht bin, die meisten Dinge, die einem in dieser schwachen Welt begegnen, sind »zwar, aber«. Das heißt, ich glaube, manchmal gehen Sie um eines gewissen Temperaments willen gern bis zur Grenze, Sie übertreiben gern. Während ich sage, man übertreibt von selbst. Aber dass man gern übertreibt, dagegen hätte ich Vorbehalte.

M. Reich-Ranicki   Ja, hier geht es nicht nur ums Übertreiben. Ich weiß genau, was Sie meinen. Ich habe volles Verständnis für Ihren Standpunkt. Der meinige sieht anders aus. Das soll heißen: In der Tat ist es im Leben selten 10:0, es ist meist 7:3, 6:4, so halbe, halbe.

J. Kaiser   2:1.

M. Reich-Ranicki   Aber in den Kritiken bei mir sieht es manchmal anders aus. Ich will Ihnen ein konkretes Beispiel geben. Als vor – na? – 15 Jahren plus/minus Wolfgang Koeppens Prosa-Fragment *Jugend* erschien, habe ich das Buch gelesen und gesehen, die Qualität und auch die Grenzen, und habe mir gedacht: Das ist ein Glanzstück deutscher Prosa, vor dem Hintergrund der heutigen Literatur etwas ganz Außerordentliches. Und ich habe eine jubelnde, zustimmende Kritik geschrieben. Ich hätte schreiben können im vorletzten Absatz: Freilich müssen wir bedauern, dass dieses Thema nur leise angeschnitten, nicht durchgeführt wurde. Und dann hätte ich da noch etwas geschrieben, und dann hätte ich gesagt: Nichtsdestoweniger. Es gibt ja viele Kritiker, deren letzter Absatz mit den Worten Nichtsdestoweniger beginnt.

Nein, das wollte ich nicht schreiben! Ich schreibe bewusst eine etwas einseitige Kritik, weil ich überzeugt bin, dass die einseitige der Qualität der Sache gerecht wird. Und ich könnte verschiedene andere Beispiele anführen, Bücher von Thomas Bernhard. Herrgott, an jedem Buch von Thomas Bernhard ist furchtbar viel auszusetzen. Er hat ja diese Bücher hingeschmissen, diese rhetorischen Ausbrüche, fabelhafte Bücher. Ich war oft hingerissen von diesen Büchern, begeistert, und die Bedenken, die da auch waren, habe ich manchmal – das ist kein Rezept, das darf man nicht immer tun – zu verschweigen, gar zu verheimlichen für richtig gehalten.

J. Kaiser   Das ist eine Wirkungsüberlegung, aber keine Wahrheitsüberlegung.

M. Reich-Ranicki   Ja, sehr richtig. Aber wir Kritiker müssen uns immer über die Wirkung Gedanken machen. Da gibt es doch etwas, das wir nicht vergessen dürfen. Als dieses Gerede da war '68: Reflektiert eure eigenen Positionen, reflektiert eure Kriterien. Das kann man alles tun, wenn man interviewt wird und wenn jemand das wissen will.

In der Kritik sieht das doch so aus: Wir haben über einen Autor zu schreiben, über ein Buch zu schreiben, über seine Qualitäten, über seine schwachen Seiten. Wir haben das alles verständlich zu machen dem Leser usw. usw. Und wir – wir, Sie und ich – haben ja viel Platz zur Verfügung. Die meisten Kritiker haben weniger Platz zur Verfügung. Also sieben Maschinenseiten, acht – und diese Seiten müssen genutzt werden, zum größten Nutzen für das Werk, um das es geht, und für das Publikum. Und da ist es in manchen Fällen richtig, glaube ich, dass man die subtilen Bedenken, die wir haben, verschweigt. Es gibt Kritiker, die schreiben: Der Dirigent hat die Sinfonie herrlich dirigiert, aber im langsamen Satz hat er die letzte Innigkeit nun doch noch nicht erreicht, und dann haben wir den Eindruck, der Kritiker möchte zu verstehen geben, diese allerletzte Innigkeit, diese Innerlichkeit im positiven Sinne, ist eigentlich nur ihm, dem Kritiker, als die Vorstellung gegeben. Der Dirigent kann sie nie erreichen.

J. Kaiser   Ja, ja, die Dirigenten, wenn man sagt: Das war aber zu schnell, dann fragen die zurück: Haben Sie eine Telefonverbindung zu Beethoven? Wissen Sie genau, was das richtige Tempo ist? Aber wenn jemand sagt: Im langsamen Satz fehlte mir die letzte Innigkeit, fände ich es schlimmer, er äußert diesen Satz nicht, falls sie ihm tatsächlich gefehlt hat.

Sie haben Bernhard und Koeppen erwähnt. Es ist kein Zufall, dass Sie die beiden erwähnt haben, denn es sind meiner Ansicht nach zwei Autoren, die Sie vielleicht ein wenig überschätzen. Schauen Sie, wenn ich mir das Gesamtwerk von Koeppen vor Augen halte, das ist rauschhaft schön geschrieben, sehr assoziativ, immer wieder auch Zitate von irgendwoher. Aber ich merke doch, dass die Figuren, selbst im Roman *Tod in Rom* nicht gar so wichtig und plastisch sind, wie man es bei großen Romanciers gern hätte. Ich finde es, fast ein bisschen zu hart gesagt, doch keinen Zufall, dass seine Reisebücher *Nach Russland und anderswohin*, dass das vielleicht seine besten sind. Ich habe das Gefühl, er sieht vielleicht besser Stillleben und Landschaften und Städte als in die Seelen von Menschen. Und wenn Sie an diesem schönen Beispiel, das Sie geben, wenn Sie da schon so eine kleine Kritik unterdrückt haben, dann fügt sich das dann eben doch dazu zusammen, dass vielleicht ein Autor ein bisschen anders dasteht.

Was Thomas Bernhard betrifft, so ließ sich ja nicht übersehen: er hatte sein ungeheures Pathos, seine fabelhafte Rhetorik gefunden. Aber dann wurden die Bücher und vor allen Dingen auch die Theaterstücke doch verdammt ähnlich. Da kann man also sagen, wenn man ihn vielleicht ein bisschen kritischer behandelt hätte, hätte er vielleicht nicht der Regung nachgegeben, der Tendenz, das, was er am besten kann, immerfort zu wiederholen.

M. Reich-Ranicki   Thomas Bernhard, ja. Dass die Stücke gegen Ende schwächer wurden, ist bestimmt richtig. Die Romane nicht. *Holzfällen* und *Auslöschung*, die letzten Romane von ihm, sind, glaube ich, auch die besten, die er geschrieben hat. Er ist im Alter als Romancier nicht schlechter geworden, aber er wurde ja auch gar nicht so alt.

Jetzt weiter: Koeppen sehen wir anders. Ich halte die Reisebücher alle für viel weniger wichtig als die Romane. Ich glaube nach wie vor, *Tauben im Gras* ist ein Höhepunkt deutscher Prosa nach '45. Ich glaube, dass weder Böll noch Walser ein auch nur vergleichbares Buch wie *Tauben im Gras*, den Münchner Roman, geschrieben haben. Sie sagen, ich hätte Koeppen vielleicht überschätzt. Es ist nicht ausgeschlossen, dass Sie Recht haben. Ich habe ihn vielleicht überschätzt, weil ich 1960, 59/60, gesehen habe, was sich in diesem Land abspielt: dass bedeutende, berühmte Kritiker – ich kann die Namen gleich nennen: Friedrich Sieburg und Günter Blöcker – Gerd Gaiser, den Exnazi, der ein Nazi geblieben war (es ist ja nicht schlimm, was er im Dritten Reich geschrieben hat, das trifft mich nicht), der aber im Roman *Schlußball* die Thesen seiner Gedichte aus dem Dritten Reich einschließlich des Rassismus wiederholt hat, dass Sieburg und Blöcker diesen Gaiser zum führenden Schriftsteller und Epiker Deutschlands machen wollten, ihn inthronisierten. Und ich überlegte mir: Was wird daraus werden? Wer kann hier die Gegenfigur werden? Und ich glaubte an einen Autor, ich habe mich vollkommen geirrt, das gebe ich zu: Wolfgang Koeppen, das ist die Gegenfigur, das ist moderne Literatur, gesellschaftskritisch, modern und völlig frei von Nazismus.

Ich habe an Koeppen geglaubt. Er hat leider dann mehr oder weniger aufgehört zu schreiben. Noch etwas: Ich fand die Romane und Erzählungen von Böll, der ein unerhört liebenswerter Mensch war und der Gutes geleistet hat, das wollen wir nicht vergessen, die frühen Geschichten *Wanderer, kommst du nach Spa, Der Mann mit dem Messer,* die Satiren *Doktor Murkes gesammeltes Schweigen*, das sind doch fabelhafte Sachen gewesen. Aber ich fand ihn letztlich mit einem Autor wie Koeppen verglichen etwas primitiv. Und dass man Böll zu dem nationalen Autor gemacht hat – ich habe dabei mitgewirkt nachher, als Koeppen aufgehört hat zu schreiben – das war ja ein Ausdruck der Not, einer Notlage, in der wir waren.

J. Kaiser   Ich habe den Gaiser gekannt, und ich erinnere mich natürlich auch an diese Situation. Das war ein verquälter Mensch. So einen bösen Nazi, wie Sie ihn jetzt darstellen, würde ich ihn gleichwohl nicht nennen. Dass Sie ihm gegenüber damals Koeppen als Gegenfigur aufbauten, das ist wieder das, was ich mit Wirkung und Wahrheit unterschieden habe. Aber dann hätte sich eigentlich doch viel mehr, würde ich von heute aus gesehen sagen, oder nicht nur von heute aus, der Günter Grass angeboten. Und bei Günter Grass …

M. Reich-Ranicki   Der war noch ein Anfänger, er war noch kaum da.

J. Kaiser   Ende der 50er Jahre gab es den Grass schon. Ich finde übrigens bei Grass und Frisch, zwei Schriftstellern, die ich außerordentlich schätze, ja fast geliebt habe, zu meinem Kummer eine gewisse Alterserfolgsverdrossenheit. Der alte Max Frisch, wenn man ihn in Zürich besuchte, war so bitter, verdrießlich, dem passte alles nicht. Und Ähnliches sehe ich mit einem gewissen Kummer an meinem Freunde Günter Grass auch, der ist so verbittert, manchmal fast verbiestert. Dabei würde ich sagen, es ist ihm von der Kritik Unrecht getan worden. Ich finde in seinen späten Romanen, sagen wir einmal in der *Rättin* eher noch als im *Butt,* Passagen, die sind der Öffentlichkeit schlicht entgangen, weil die Bücher als Ganze nicht gelungen sind. Aber wenn er da schreibt, wie eine Atomkatastrophe passiert, wie der Atomblitz losgeht, oder wenn er beschreibt, wie die Regierungen, die eigentlich den Krieg nicht wollen, ihn nur nicht verhindern können, wie die im letzten Moment sagen: Es tut uns Leid, aber wir können nicht anders, unsere Logistik will es so. Das ist fabelhaft geschrieben, und trotzdem wird über diese Bücher immer nur hinweggegangen wie über die Entgleisungen eines etwas zu alt gewordenen Autors. Also da geschieht meines Erachtens dem Grass viel mehr Unrecht als dem Koeppen.

M. Reich-Ranicki Übrigens, was Frisch betrifft und sein Alterswerk: Das ist eine sehr traurige und ungewöhnliche Sache. Frisch hat als letztes Stück dieses *Triptychon* geschrieben. Das ist nun wirklich ein unglaublich schwaches Stück. Keine einzige deutsche Bühne wollte das Stück aufführen. Das Theater in Frankfurt hat schließlich das Stück angenommen. Es wurde geprobt und die Schauspieler haben insgesamt beschlossen: Nein, wir spielen ein so schlechtes Stück nicht. Und das Theater musste eine hohe Konventionalstrafe zahlen, aber es wurde nicht aufgeführt.

J. Kaiser Ist das möglich? Ich habe das in Wien gesehen. Das sind drei Einakter, drei Einakter haben niemals Chancen. Also, so schlecht war es nicht …

M. Reich-Ranicki Ich will hier nur eine Anekdote beitragen. Ich habe mit Frisch etwas erlebt, was mir unvergesslich ist. Ich war bei Frisch zu Hause in Zürich, und er sagte mir, er habe in Zürich einen Prozess miterlebt, einen Mordprozess, den er von Anfang an besucht hat, sechs Wochen hintereinander. Er hat mir den Prozess erzählt, den Verlauf. Seine Erzählung dauerte ungefähr eine Stunde, beinahe anderthalb. Es war hinreißend. Welch ein Unglück, dass da nicht ein Tonbandgerät ...

J. Kaiser   Er konnte wunderbar erzählen ...

M. Reich-Ranicki   Er hat es fabelhaft erzählt. – Nach zehn Monaten erschien ein Buch, das er daraus gemacht hat, *Blaubart*.

J. Kaiser   Ja ...

M. Reich-Ranicki   Alles hat er kaputtgemacht, die ganze Geschichte, die so fabelhaft war, die hat er nun teilweise ins Jenseits verschoben. Er war in einer ganz großen Krise, das ist gar kein Zweifel. Es ist so – man könnte sich das überlegen, ob das nicht die meisten unserer Schriftsteller betrifft –, dass sie in eine Alterskrise geraten, bevor sie alt sind. Sie sind noch gar nicht alt, und schon gibt es eine solche Krise.

J. Kaiser   Also, damals hat sich Frisch mit diesem *Blaubart* sozusagen selber den Prozess gemacht. Er war ja ein Mensch, für den Frauen ungeheuer wichtig gewesen sind, zeitlebens. Er hing von ihnen sehr viel mehr ab als mancher andere Schriftsteller, und *Blaubart* ist sicherlich ein missglückter Versuch ... aber ich finde z. B. ein spätes Buch wie *Montauk* ganz außerordentlich, und *Der Mensch verschwindet im Holozän* ist doch toll.

M. Reich-Ranicki   Also bei *Montauk* sind wir uns völlig einig, ein wunderbares Buch.

J. Kaiser   Also kann man nicht sagen, dass der Frisch als alternder Schriftsteller nicht mehr gut war – das möchte ich doch richtig stellen.

Aber ich möchte etwas anderes von Ihnen wissen. Wir kennen uns seit den 50er Jahren. Ich habe Sie damals kennen gelernt, Sie schickten mir eine Chopin-Gesamtausgabe, die ich jetzt noch voller Stolz besitze und die es damals in Deutschland nicht gab. Und ich fragte Sie – in der Meinung, Sie könnten ja doch nicht –, ob Sie mitwollten nach Bayreuth, und Sie konnten sofort, und wir sahen zusammen den *Parsifal*, und ich begriff, was ich schon immer gewusst hatte, dass alle wirklichen Juden wirkliche Wagnerianer sind. Das ist ja eine tolle Sache. Und jetzt schreiben Sie noch über die *Meistersinger*. Aber Sie haben doch vorher in Polen auch Kritiken geschrieben, und es gibt boshafte Landsleute von Ihnen, die sagen: Die Polen sind offensichtlich sehr viel anspruchsvoller als die doofen Deutschen. Damals in Warschau spielten Sie als Kritiker längst nicht die Rolle, die man Sie hier spielen lässt. Das müssen Sie mir erklären!

M. Reich-Ranicki   Das ist sehr einfach zu erklären. Ich habe in Polen ausschließlich über deutsche Literatur geschrieben, das heißt, über eine Literatur, von der die allermeisten Polen nichts wissen wollten. Sie wollten keine deutsche Literatur lesen.

J. Kaiser   Das ist ganz klar.

M. Reich-Ranicki   Das waren antideutsche Affekte. Und wer von uns das nicht versteht, den kann man nur bemitleiden. Man las in Polen sehr gern, aber zwei Literaturen wollte man nicht zur Kenntnis nehmen: die deutsche und die russische. Es gab damals Leute, die sogar in Tschechow-Vorstellungen nicht gehen wollten, obwohl der nun wirklich kein schlimmer Kommunist war. Oder die nicht Turgenjew lesen wollten. Man wollte vor allem Franzosen, Engländer, Amerikaner lesen. Hemingway wurde geliebt und gelesen, nichts Deutsches. Und ich habe über deutsche Literatur geschrieben.

J. Kaiser   Ich habe in Salzburg miterlebt, wie ein tschechisches Orchester, ein Prager Orchester, den russischen Pianisten Emil Gilels bewusst so nervös machte, dass der große Gilels schlecht Klavier gespielt hat. Und der konnte für die Politik seines Landes nahezu gar nichts.

M. Reich-Ranicki   Nein. Er war nicht Mitglied des Politbüros. – Also, ich schrieb, um nur Autoren zu nennen, über die ich in den letzten Jahren in Polen …

J. Kaiser   Also wollten Sie von vornherein jemand werden, der über Literatur schreibt?

M. Reich-Ranicki   Ja, ja, Augenblick mal. Ich habe in den letzten Jahren, 55, 56, 57 – 58 ging ich aus Polen weg – in Polen über solche Autoren geschrieben wie Alfred Andersch, Heinrich Böll, Martin Walser, Siegfried Lenz, Max Frisch, Friedrich Dürrenmatt – von dem habe ich auch ein Stück übersetzt, ein schönes, nämlich *Der Besuch der alten Dame*. Diese Literatur konnte nicht so im Zentrum der Aufmerksamkeit stehen. Man wollte sie gar nicht recht zur Kenntnis nehmen.

Vergessen Sie bitte nicht, ich habe mal einen deutschen Schriftsteller, der in Warschau war, zum Essen nach Hause eingeladen. Es war übrigens Willi Bredel aus der DDR. Wir hatten so eine Art Haushälterin, und ich habe ihr gesagt: Machen Sie ein schönes Mittagessen, da kommt ein deutscher Schriftsteller, aber es ist ein guter Deutscher, kein Nazi, er hat gegen die Nazis gekämpft usw. Sie hat sich alles angehört, und dann hat sie mich gefragt: Sagen Sie bitte – es ist ja alles schön und gut, was Sie mir sagen –, ist es nicht zufällig der Deutsche, der meinen Mann im Konzentrationslager ermordet hat?

Das war eine einfache Haushälterin. Das Verhältnis zur deutschen Literatur dort ist lange Zeit so gewesen.

Kurzes Beispiel: Heinrich Böll besuchte Polen im Herbst '56. Ich erwartete ihn am Bahnhof im Auftrag des polnischen Schriftstellerverbandes. Es war nicht angenehm, Schriftsteller aus Deutschland zu erwarten, wenn der Zug aus Berlin kam, 7 Uhr morgens, musste man sehr früh aufstehen. Böll kam übrigens an einem Sonntagmorgen, kann ich mich erinnern, nach Warschau. Er wurde sehr freundlich aufgenommen, und man hat einen Empfang für ihn gegeben. Also wer wird kommen? Man hat natürlich diejenigen Schriftsteller Polens eingeladen – die meisten Schriftsteller Polens lebten und leben heute in Warschau –, die Deutsch können. Und sieh da, sieh da, sie sagten alle: Nein, wir können nicht, ich denke nicht daran zu kommen, ich habe schon genug von den Deutschen, ich war im KZ, ich war im Kriegsgefangenenlager … Endergebnis: Aus dem ganzen Empfang wurde ein Gespräch mit Böll in einem Bürozimmer, und es waren fünf Personen anwesend. Ich war dabei. Mehr hat man nicht mobilisieren können. Und diese fünf Personen waren zwei Übersetzer, ein Verlagslektor und ein Kritiker, der sich mit deutscher Literatur beschäftigte. So sah es aus. – Wenn also Nowakowski sagt, dass ich mit meinen Kritiken ein so enormes Echo in Polen nicht hatte, hat er natürlich Recht. Aber das sind die Gründe.

J. Kaiser   Das leuchtet ein.

M. Reich-Ranicki   Aber Sie fragten: Wie kamen wir eigentlich zur Kritik? Bei mir kann ich die Frage, wie ich zur Kritik als Beruf gekommen bin, mit drei Worten beantworten. Schon in der Schule hat mir ein Deutschlehrer vorausgesagt, dass ich Kritiker sein werde. Ich bewunderte den Deutschlehrer, denn er hat nicht gesagt: Du wirst vielleicht Schriftsteller werden oder Journalist. Nein, der hat gleich gesagt: Kritiker. Aus dir wird ein Kritiker werden. Ich wollte Kritiker werden. Dann bin ich '38 aus Deutschland deportiert worden. Im Krieg war es nicht so ganz einfach, Literaturkritiker zu sein. Ich bin da durch zeitgeschichtliche Umstände etwas behindert worden, wenn ich das vorsichtig so ausdrücken darf. Nach dem Krieg war ein Zeitabschnitt in meinem Leben, wo ich glaubte: Nein, Schluss mit der Literatur, man muss sich mit der Politik beschäftigen, das ist nach diesem Dritten Reich und nach diesem Holocaust das einzig Richtige. Aber ich habe mich mit dieser Politik nur etwa drei, vier

Jahre beschäftigt, und dann bin ich reumütig zurückgekehrt zur Literatur, von der ich nie weggegangen bin, weil ich überhaupt noch kein richtiger Literat gewesen war. Aber das war doch die Liebe meiner Jugend, und so bin ich zum Kritiker geworden, der Not gehorchend, nicht dem eigenen Triebe, einerseits, und andererseits habe ich aus einem Hobby einen Job gemacht. Ich bedauere es nicht, bis heute noch nicht.

J. Kaiser   Mich haben eigentlich die zeitgeschichtlichen Ereignisse dazu gebracht, dass ich etwas kritischer reagierte. Ich war ein Kind in einer ganz normalen bürgerlichen Familie in Ostpreußen. Die Politik wirkte damals – das war so Ende der dreißiger, Anfang der vierziger Jahre – die wirkte damals längst nicht so heftig rein, wie das beispielsweise dann in der DDR der Fall gewesen ist. Sondern man konnte da mehr oder weniger machen, was man wollte. Ich spielte Klavier, ich spielte ein bisschen Cello, ich übte ein bisschen Klarinette und war so ein musisches, relativ verwöhntes Kind. Das ging noch. Aber dann schob sich der Staat doch immer mehr in das Privatleben. Man musste zum Dienst, man musste dies, man musste das. Also es wurde immer mehr. Ich war, grob gesagt, unpolitisch. Ich war also weiß Gott kein Nazi, das kann man mit zehn, elf Jahren ja wohl auch kaum sein, aber ich war auch kein Antinazi, sondern ich wollte meine Ruhe haben. Und genau diese Ruhe konnte man in einer Diktatur, die also immer heftigere Anforderungen stellte, nicht haben, und ich merkte so allmählich, dass man sich wehren musste. Aus einem Jungen, der eigentlich hauptsächlich sich für Musik interessierte, wurde jemand, der anfing, ironische Literatur zu lesen. Das erste Stück, das ich in meinem Leben las – da war ich zehn Jahre alt oder elf –, war *Der Menschenfeind* von Molière. Das war eine sehr ironische Sache, jemand wehrt sich. Dann sagten meine Eltern: *Der Zauberberg* ist wohl nichts für das Kind, da muss er noch etwas warten. Und es gibt ja kein Argument, mit dem man lieber an ein Buch herangeht, auch wenn es noch nicht das richtige ist. Ich las also tatsächlich schon als 12-, 13-Jähriger, wobei ich bestimmt nicht alles verstanden habe, aber doch eine ganze Masse, den *Zauberberg*. Zu Deutsch: Um mich zu wehren, kam ich so ein bisschen in diese literarische Geschichte.

Und dann – es ging ja alles sehr schnell – war der Krieg verloren. Ich habe mehr Schulen als Klassen besucht. Immer, wenn ich in eine neue Stadt kam, dann suchte ich nach irgendeinem Ort, wo man Klavier üben konnte. Ob das nun Elbing war oder Templin oder Potsdam oder was weiß ich oder Hamburg, wo ich dann das Abitur machte. Immer, wenn ich ein Klavier gefunden hatte, musste ich schon wieder weg. Auf diese Weise ist die Welt vor mir als Pianisten bewahrt worden.

Es war dann doch das Literarische immer mehr, ich habe auch Literaturwissenschaft studiert. Ich habe zuerst Musik studiert, schließlich Germanistik usw. und habe dann auch am Ende in Germanistik promoviert. Also dass ich mich sozusagen mit alledem beschäftigte, das war so aus einer bestimmten Abwehrhaltung. Es gibt z.B. ein Zeugnis, darin steht: »Jochen Kaiser, etwas vorschnell zur Kritik geneigt, war er doch dankbar für jeden Ratschlag.« Na immerhin, das habe ich mir gerne sagen lassen.

M. Reich-Ranicki   Lieber, es ist sehr merkwürdig. Sie haben nämlich etwas erzählt, was in meinem Leben sich aus anderen Gründen ganz ähnlich abgespielt, ohne Klavier und ohne Cello. Nur, ich habe vorher erzählt, wie zeitgeschichtliche Umstände mich eine Weile gehindert haben. Das Leben eines Juden im Dritten Reich sah doch anders aus. Ich war in einem preußischen Gymnasium, in dem ich von Lehrern und Schülern sehr gut behandelt wurde, tadellos …

J. Kaiser   Wann war das?

M. Reich-Ranicki   Abitur habe ich gemacht, das möchte ich doch betonen, damit war auch meine offizielle Bildung beendet. Also ich habe '38 das Abitur gemacht, ich bin im Gymnasium von '30 bis '38 gewesen, im Werner von Siemens-Gymnasium in Schöneberg und dann in Wilmersdorf im Fichte-Gymnasium. Natürlich war man als Jude von sehr vielen Dingen ausgeschlossen, das ist selbstverständlich. An Schulausflügen durfte man nicht teilnehmen, an all diesen Übungen, an allen Festen der Schule, das war alles tabu für uns. Dennoch habe ich versucht, irgendwie in dieser Welt zu existieren. Und natürlich habe ich – genau wie Sie – den *Zauberberg* gelesen und auch viel zu früh, viel zu früh. Ich habe die Hälfte nicht verstanden, zwei Drittel nicht verstanden. Aber die Flucht in die Literatur fand bei mir, übrigens auch ins Theater, in Literatur und Theater, ähnlich wie bei

Ihnen, aus anderen Gründen statt, die aber doch, hier wie da, mit dem Dritten Reich zusammenhingen. Übrigens, die ersten Stücke, die ich gelesen habe … Sie haben mit Molière angefangen, ich habe mit deutschen Stücken angefangen. Das erste Stück in meinem Leben, das ich gelesen habe, da war ich krank, und warum ich das Buch in die Hand bekam, weiß ich nicht, waren *Die Räuber*. Tatsache ist, ich las und hörte nicht auf, bis zum Ende. Ich war hingerissen von diesen Räubern und finde dieses Stück immer noch fabelhaft, immer noch. Das erste Stück, das ich auf der Bühne gesehen habe, war *Wilhelm Tell* mit Bernhard Minetti als Gessler. Schon dieser Minetti!

J. Kaiser   Da ist ein interessanter Generationsunterschied: auf den acht Jahren muss ich jetzt sehr herumtrampeln, die uns beide unterscheiden. Als ich in dem Alter war, in dem Sie *Die Räuber* gerne gelesen haben, da fanden wir Schiller viel zu knallig und zu aufgedonnert. Wir lasen den *Kaufmann von Venedig*, wir fanden Shakespeare toll, aber dass Schiller ein großer Schriftsteller ist, das habe ich auch an der Universität nicht mitbekommen, sondern eigentlich erst später. Ich würde sagen, wenn man 1920 geboren ist, hatten Sie wahrscheinlich im alten Berlin noch ein bisschen mit dem Expressionismus zu tun. Sie konnten noch unmittelbar an Schiller ran, während wir in der Schule in der Unterprima über Schiller eigentlich gekichert haben. Ich finde auch heute, das wird in den Schulen immer noch falsch gemacht, aber das glaubt mir niemand. Man ist doch mit 15, 16, 17 Jahren intellektuell weiß Gott entwickelt und kann die kompliziertesten Sachen verstehen, aber man hat sozusagen noch nicht die seelische Kraft, ein zartes Gedicht von Goethe oder Mörike oder auch von Schiller zu verstehen. Ich finde, diese Sachen werden den Schülern immer kaputtgemacht. Stattdessen sollte man ihnen Joyce zu lesen geben, denn kapieren würden sie es. Die Reife kommt vielleicht später.

Und um noch einen Satz hinzuzufügen: Ich finde es eine Katastrophe, wenn es wahr wäre – aber da gibt es Gott sei Dank verschiedene Statistiken –, dass das Fernsehen den jungen Leuten zwischen 12 und 16 das Lesealter wegnimmt. Denn ich finde, man kommt entweder belesen auf die Welt oder man hat nie etwas gelesen. Also wenn man während des Lesealters nicht alles so zwischen *Vollkommene Ehe* und *Zauberberg* und Molière und was weiß ich, *Lederstrumpf*, wenn man da nicht viel liest, das holt man nie mehr nach.

M. Reich-Ranicki   Natürlich …

J. Kaiser   Und es könnte sein, dass das Fernsehen das kaputtmacht.

M. Reich-Ranicki   Sie sagten vorher: Schiller, der ist Ihnen eigentlich als großer Schriftsteller erst nach dem Studium aufgegangen. Ich kann das sehr gut verstehen. Bei mir war's ganz anders. Der Generationsunterschied, diese acht Jahre, spielt eine Rolle. Bei mir hat das aber noch einen anderen Grund. Ich habe zu Schiller gleich hingefunden, zu Goethe nicht. Ich habe zu Goethe später hingefunden. Und in der Musik geschah mir was ganz Ähnliches: Ich kam von der ita-

lienischen Oper, das hat mit meinem Vater, mit den Schallplatten zu Hause zu tun, Verdi, Puccini in großen Mengen.
Ich kam von der italienischen Oper, und ich kam viel früher
zu Wagner und viel später zu Mozart. Mozart, da war ich
schon gar nicht mehr so jung, als mir Mozart in seiner ganzen Größe, wenn das überhaupt möglich ist, aufgegangen ist.
Wagner schon, die zweite Oper meines Lebens waren die
Meistersinger, und bei dieser Schwäche für die *Meistersinger*
ist es bis heute geblieben …

J. Kaiser   Unser bester Vertreter kommt da auch vor, der
Beckmesser.

M. Reich-Ranicki   Jetzt aber eine andere Frage. Wir haben
vorher eine ganz wichtige Frage erörtert: Warum wir eigentlich Kritiken schreiben. Es macht uns Spaß, wir wollen uns
mitteilen, wir wollen Geld verdienen, wir haben den Beruf,
den wir, so gut es geht, ausüben können, einen anderen haben wir nicht.

Nur: Warum ist die Kritik eigentlich nötig? Für wen ist sie
nötig? Sollten wir nicht diese Frage zu beantworten suchen?
Ich glaube zunächst einmal, die Kritik ist nötig für das Publikum. Ob sie für die Regisseure nötig ist und die Schauspieler? Ich glaube nicht, dass Regisseure und Schauspieler von
uns Kritikern viel lernen. Die lernen in der Regel gar nichts
von uns. Das ist nicht ihre Schuld, das liegt in der Natur der
Sache. Aber vielleicht ist die Kritik nötig: als eine pädagogische Institution, das ist ein unpopulärer Standpunkt. Man
muss sagen: Wir wollen doch den Leuten etwas beibringen.

Wir wollen ihnen beibringen, was unerhört schwer ist, ihnen erklären, warum Shakespeare gut ist. Das ist nicht so einfach. Das muss man erklären, bei jedem Stück immer wieder. Warum dieser oder jener Autor gut ist. Apropos: Sie haben vorhin von Friedrich Luft gesprochen. Ich habe bei Luft mal eine Sache gelesen, die mir sehr gefallen hat, das ist gerade mein Geschmack. Luft erzählte, wie er in der Berliner, der deutschen Erstaufführung von Becketts *Warten auf Godot* war. In der Pause kam ein Berliner Junge, 18 Jahre alt, und sagte: Sie sind der Herr Luft, ha? – Ja, der bin ich. – Dann werden Sie uns morjen in der Zeitung janz genau erklären, was das alles soll. – Und Luft sagte: Jawohl, der Junge war richtig, dazu bin ich da.

J. Kaiser   Det wer'n Se uns zu erklärn haben. Ja, ja. Schauen Sie, ich schrieb eine meiner ersten Kritiken hier in München, da spielte Ludwig Hoelscher die Suiten von Bach. Und ich fand, er machte einen Rhythmus falsch. Ich war immerhin 28 Jahre, und erklärte also dem weltberühmten Hoelscher: Diese Auftakte musst du anders spielen, und bekomme 14 Tage später einen Brief: Vielen Dank! Ich glaube, Sie hatten Recht. So was passiert.

M. Reich-Ranicki   Ein ungewöhnlicher Fall!

J. Kaiser   So was passiert – nein –, ich will damit Folgendes sagen: Manchmal auch Schauspielern und Regisseuren im Augenblick nach der Premiere was Böses sagen oder was Kritisches, das ist unmenschlich, das ist so, wie wenn jetzt nach unserem Gespräch, wenn wir beide verschwitzt dasitzen, jemand kommt und sagt: Das war aber viel zu lang und viel zu selbstgefällig. Eine Woche später kann man das sagen, aber im Moment nicht.

M. Reich-Ranicki   Ja …

J. Kaiser   Aber Schauspieler und auch Regisseure sagen vier Wochen später manchmal doch: Es war was daran. Denn sie haben ja eine verbalisierte Reaktion. Auch das Publikum. Manchmal spreche ich nur über die Aufführung, manchmal nur über das Stück, manchmal durchaus darüber, ob eine Sängerin nicht klüger beraten wäre, wenn sie statt der Rolle eine andere annähme. Ich finde, man kann nicht sagen: Ich schreibe nur mit dem Blick aufs Publikum, und alles andere ist mir egal. Das tun Sie ja auch nicht.

M. Reich-Ranicki   Nein.

J. Kaiser   Sondern manchmal ist natürlich der Autor wichtig, manchmal ist die Interpretation wichtig, und manchmal kommt es darauf an, ob es ein lustiges gesellschaftliches Ereignis war. Und da muss man sich auch im Tonfall ändern.

M. Reich-Ranicki   Ich glaube, das ist ein Unterschied zwischen uns beiden: Sie haben Hoffnungen, man könne den Autor ein bisschen – Ihre Hoffnungen sind nicht groß, aber doch vorhanden –, man könne den Autor erziehen. Ich habe nicht die geringste Hoffnung. Da ist Hopfen und Malz verloren. Und das Schlimmste, was es gibt, wenn der Autor sich von der Kritik erziehen lässt. Dann ist alles kaputt. Das geht nicht. Ich glaube nicht, dass wir an die Erziehung des Autors denken sollen.

J. Kaiser   Das Wort »Erziehung« klingt fürchterlich. Aber zum Beispiel – es gab von Ionesco das Stück *Hunger und Durst*, das hatte noch eine Folge – darüber habe ich eine kilometerlange Kritik geschrieben, warum mir das nicht gefällt und warum ich finde, dass das zweite Bild zu Strindberg-haft ist, was weiß ich. Und ich weiß, dass der Ionesco, der kein Deutsch kann, von dieser Kritik gehört hat, er hat sie sich kommen lassen und hat daraufhin das Stück verändert, übrigens nicht zu seinem Guten – meine Ratschläge waren schlecht –, hat neue Sachen hinzugefügt.

M. Reich-Ranicki   Na, ich habe doch gesagt, es ist ein Unglück, wenn der Autor sich von der Kritik …

J. Kaiser   Ich habe gesagt, er tut es aber manchmal.

M. Reich-Ranicki   Ja, das ist schlecht. Es wird nichts daraus … Wir sind nicht dazu da, die Autoren zu erziehen. Ich kann es nicht.

J. Kaiser   Klarer Fall, wir sind es nicht.

M. Reich-Ranicki   Ich habe mal früher auch gesagt, dass ich es kann, schon sehr lange her. Ich kann das nicht. Wenn es mir gelingt, einen Teil des Publikums zu erziehen, das ist schon sehr viel. Die Autoren sollen mal ihren Weg allein suchen.

J. Kaiser   Sie sollen doch der Ulla Hahn gesagt haben, sie sollte besser Liebesgedichte schreiben als Romane.

M. Reich-Ranicki   Ich habe mich gehütet, über ihren Roman auch nur ein Wort zu schreiben, weil ich im Manuskript das Werk gelesen und gesagt habe: Dies veröffentlicht man nicht. Und noch nicht mal den Ratschlag hat sie befolgt, Sie sehen es. Da kann man gar nichts machen.

Nun aber noch etwas: Sie haben vorher eine Frage angeschnitten, die wir nicht so auf sich beruhen lassen sollten. Nämlich die Sache mit den Verrissen, und dass das Publikum meist Verrisse lieber liest als die hymnischen, die positiven, die affirmativen Kritiken. Warum wohl? Ich glaube, das hat mehrere Gründe.

Zunächst: Es lässt sich nicht verschweigen, dass in den meisten Fällen Verrisse besser geschrieben sind als zustimmende Kritiken. So treffende Kritiken wie die Schillers über die Gedichte von Bürger gibt es selten.

J. Kaiser　　Und der Bürger hat sich auch sehr geärgert.

M. Reich-Ranicki　　Natürlich.

J. Kaiser　　Der Schiller hat es vornehm unter einem Pseudonym erst mal getan, was ja auch eine Schweinerei ist.

M. Reich-Ranicki　　Also, so ist es. Warum sind die Verrisse besser geschrieben? Wohl lässt sich das Negative immer deutlicher, klarer formulieren, definieren als das Positive?

Ich habe mal einen Satz bei Schlegel gefunden, und es ist das Unglück meines Lebens, dass ich nicht weiß, ob es Friedrich war oder August Wilhelm und wo es steht. Ich kann das Zitat nicht wiederfinden, ums Verrecken ist es nicht zu finden.

Und zwar folgendes Zitat – wenn jemand der Anwesenden mir nachher sagen kann, wo es steht, werde ich dankbar sein, aber es hat mir noch keiner gesagt. Nur einer hat mir gesagt:

Es steht wahrscheinlich gar nicht bei den Schlegels, sondern woanders.

Es geht um folgendes Zitat: Bei einem der beiden Schlegels steht: Jede Kritik bringt Argumente für oder gegen das Werk. Und in einem bestimmten Augenblick sind alle Argumente vergeben, erledigt, Schluss. Und dann sagt der Kritiker: Und außerdem gefällt mir dieses Buch. Oder er sagt: Und außerdem gefällt mir dieses Buch nicht. Bei der negativen Kritik können mir sehr viele Argumente gegen das Werk einfallen, klar, ich sage »Nein«. Bei der positiven fallen wir ziemlich schnell auf die Knie, kapitulieren und sagen: Das ist gut, das ist gut. Und sagen dann: Und es ist wunderbar, es gefällt mir. Deswegen ist die positive Kritik immer weniger gut lesbar, nicht immer, aber oft.

Dann vor allem eine Sache, ganz, ganz wichtig: Die meisten Menschen, nur die Kritiker nicht – Kritiker sind, wie wir alle wissen, edle Menschen. Aber die anderen Menschen sind nicht so edel und haben es schon ganz gern, wenn sie lesen, was für Doofköpfe andere sind. Es ist eine Schadenfreude sondergleichen, die das Lesen von Verrissen angenehm macht. Ich weiß, wovon ich rede. Ich habe leichtsinnigerweise ein Buch mit dem Titel *Lauter Verrisse* gemacht. Ich habe gar nicht gewusst, was daraus wird. Das Buch ist ein Bestseller bis heute, ein Erfolgsbuch sondergleichen. Ich habe als Antidot ein Buch *Lauter Lobreden* gemacht, aber immer noch kaufen die Leute viel mehr *Verrisse* als *Lobreden*. So sind die Menschen.

J. Kaiser   Ärgerlich! Ich glaube, mit Ihren Schlussfolgerungen kann ich übereinstimmen. Aber ich glaube, Ihre Argumente stimmen nicht. Ich möchte ganz andere bringen, was Verriss und Lob betrifft. Erst mal: eine große musikalische Leistung – Furtwängler oder Michelangeli oder Leonard Bernstein –, loben, sich dazu etwas einfallen lassen, das ist eine Art von Kunst. Aber das kann man können, wenn es einem von Herzen kommt. Ich will nur sagen, warum tatsächlich Verrisse sich anscheinend leichter lesen. Das liegt an Folgendem: Wir alle merken gar nicht, dass die deutsche, unsere Sprache, die uns umgibt, angefüllt ist mit ewiger Werbung. Das heißt, alle positiven Begriffe dieser Welt, die hier sind, die kommen im Werbefernsehen, in Anzeigen, in Reklame *und und und* bis zum Erbrechen vor, so sehr, dass wir es gar nicht mehr spüren. Wir spüren nur, wenn wir mal schreiben sollen: »Elsa hatte ein unglaublich schönes, schwanenweißes Kleid an.« Dann denkt jeder Mensch, ich schreibe über Waschmittel. Das heißt, es ist sehr schwer, etwas positiv zu formulieren, ohne dass man das Gefühl hat, jetzt bin ich in dieser verlogenen Werbesphäre. Wenn Sie hingegen etwas Negatives formulieren – die Werbung greift aus gutem Grund ja ihre Gegenstände nicht an – wirkt das Negative sofort persönlich formuliert. Man hat nie das Gefühl, das ist eine Floskel. Sondern, da haben Sie etwas Persönliches gesagt. Sie müssen auch – weil Sie wissen, dass der Beschimpfte sich, wenn er kann, wehren wird, oder seine Freunde werden es für ihn tun –, Sie müssen also auch Acht geben. Das heißt, der negative Text hat eine unabgenutzte Sprache, und er hat jemanden, der sich Mühe gegeben hat.

M. Reich-Ranicki   Halt, halt. Sie haben mit allem Recht, aber zur Zeit von Shakespeare gab's keine Werbung, und dennoch ist der Jago interessanter als der Othello. Dennoch ist Franz Moor in den *Räubern* – nicht mehr Shakespeare, aber auch ein gutes Stück – interessanter als Karl Moor. Es ist immer die negative Figur interessanter. Und ein Wort von Dürrenmatt: Ich möchte es nicht plagiieren, sondern zitieren: Die negativen Figuren sind immer interessanter, weshalb die beste Figur des deutschen Theaters, sagt Dürrenmatt, der leibhaftige Teufel ist. Und er hat Recht. So 'ne Figur wie den Mephisto hat der Goethe nicht noch einmal geschrieben.

J. Kaiser   Also der Jago, den Sie mit Recht zitieren, sagt: »For am I … nothing if not critical.«

M. Reich-Ranicki   Ein schwieriges Problem … Was heißt das auf Deutsch? Wie würden Sie das übersetzen?

J. Kaiser   Denn ich bin nichts, wenn ich nicht kritisch bin, heißt es bei Schlegel.

M. Reich-Ranicki   Nein, bei Schlegel heißt es … ein Skandal, ein Zeichen des deutschen Verhältnisses zur Kritik: »Ich bin nichts, wenn ich nicht lästern darf.« Ich habe mit Luft, der ein großer Kenner der englischen Sprache war und des Theaters, darüber gesprochen, er sagte, das ist so nicht so falsch übersetzt. Das hat damals im Englischen auch diese Bedeutung gegeben.

J. Kaiser　Moment. Aber dass Negativfiguren oft interessanter sind – ich bin übrigens immer stolz darauf, herausgefunden zu haben, dass im *Tannhäuser* die Sache anders ist. Die Sünderin Venus ist unendlich viel langweiliger als die heilige Elisabeth. Allein das ist schon ein Zeichen für Wagner …

M. Reich-Ranicki　Uh, uh … für mich war die Venus immer interessanter – das will ich zugeben – als die Elisabeth. Und die Bacchanalien, auch wenn er sie erst später in der Pariser Fassung dazu geschrieben hat, haben mich eigentlich mehr als die Begleitmusik zur Elisabeth fasziniert.

J. Kaiser　Doch kein richtiger Wagnerianer. Ich habe mich in Ihnen getäuscht.

Nein. Aber um noch mal bei der Sache mit dem Negativen zu bleiben. Zum Beispiel mir ist aufgefallen, da ich diese Theorie hatte, dass die Werbung unsere Sprache derart verseucht, dass man wirklich mit künstlerischem Geschick rangehen muss, um ihr doch noch etwas Anständiges abzugewinnen. Ich habe dafür als positives Beispiel die ehemalige DDR-Literatur. Mir ist aufgefallen, dass Leute wie Reiner Kunze oder Sarah Kirsch oder Günter de Bruyn, eine Reihe von DDR-Autoren, ein außerordentlich sauberes Deutsch schrieben – in gewisser Weise ein reineres Deutsch, das ist ja nicht die einzige Qualität, aber ein reineres Deutsch als im Westen. Und ich habe mich gefragt: Wie kommt das? Die Antwort war: In der DDR gab es keine Werbung. Die einzige Riesenwerbung, die es gab, war sozusagen die Politik, der Staat, und das nahm kein Mensch ernst. Also davon hielten sie sich sozusagen fern. Die Folge davon war, dass viele DDR-Autoren, auch die Lyrikerinnen, die ich genannt habe, gerade Sarah Kirsch, aber auch andere, ein erstaunlich gediegenes Deutsch schrieben. Gediegener als unsere Landsleute hier. Daher kam ich auf diese Theorie, die ich Ihnen mit der Werbung und dem Negativen entwickelt habe.

M. Reich-Ranicki Das überzeugt mich nicht ganz. Ich finde nicht, dass das Deutsch der Sarah Kirsch, die ich sehr schätze und bewundere, gediegener war oder ist als das Deutsch, sagen wir, von Ingeborg Bachmann. Ich sehe das nicht. Außerdem, der Einfluss der dortigen Sprache der SED in der Presse, im Rundfunk, im täglichen Leben, Losungen und dergleichen, war enorm.

J. Kaiser Aber den konnte man abwehren. Das nahmen die nicht mehr zur Kenntnis.

M. Reich-Ranicki Nein. Bei Günter de Bruyn kann man gewisse Einflüsse, nicht sehr große, dieser Sprache schon merken. Ich weiß nicht, ob das der Grund ist, warum wir das Positive nicht so darstellen können wie das Negative, weil die Werbung uns alles kaputtgemacht hat. Es war vor 100 Jahren so, es war vor 200 Jahren so, es ändert sich doch nicht. Gucken Sie mal, die interessantesten Figuren bei Dostojewskij sind zwielichtige, dubiose Menschen, nicht die strahlenden Helden.

J. Kaiser Na gut. Dass strahlende Helden interessant sind, will viel heißen. Aber gucken Sie sich das literarische Personal von Tolstoi an. Bei Tolstoi kann man nicht sagen, dass die

Bösen interessanter sind als die Guten. In *Krieg und Frieden* ist Napoleon keineswegs der Interessanteste. Das ist ein heikles Problem.

Ich möchte auch noch schnell etwas über die negativen Kritiken sagen. Sie haben ja massenweise Bücher, wie ich auch, geschrieben, und wir sind beide auch gelegentlich verrissen worden.

M. Reich-Ranicki   Was heißt »gelegentlich«? Immer, kontinuierlich.

J. Kaiser   Man kann darüber nicht ruhig sprechen. Eine negative Kritik verletzt das Ego sehr. Rubinstein hat mir zum Beispiel einmal gesagt: Sie können mich so viel loben, wie Sie wollen, das vergesse ich sofort. Aber alle negativen Kritiken, die ich bekommen habe, behalte ich mein Leben lang. Das heißt, wenn wir Kritiker so sachlich tun und sagen, es gehört eben zum Geschäft, und ich habe dich verrissen, dafür hat dich der andere gelobt, und beim nächsten Buch wird wieder alles besser sein. Das setzt eine rationale Sphäre voraus, die in Wirklichkeit nicht gegeben ist.

Es gibt ja Leute, die sagen: Ich lese das alles gar nicht, der Kortner sagt es. Den traf ich schon am Abend in den »Vier Jahreszeiten«, wo er sich die Zeitung vom nächsten Tag holte. Also man liest es doch und ärgert sich von Herzen über eine negative Kritik. Das lässt sich nicht ändern, damit muss man fertig werden.

M. Reich-Ranicki   Sartre hat gesagt, er erträgt alle negativen Kritiken über seine Bücher durchaus unter einer Bedingung,

dass irgendwo in der Kritik steht: Das Buch ist schlecht, aber
es ist etwas besser als das vorige Buch von Sartre. Dann ist er
schon bereit, die Kritik zu ertragen. Nein, das ist selbstverständlich.

Übrigens, dieses Thema, das wir eben anschneiden: Das Ego
wird verletzt. Mir hat ein bekannter deutscher Autor – aus
Anstand nenne ich seinen Namen nicht, aber es ist wirklich
ein bekannter Autor und ein guter Autor, den ich schätze –,
dieser Autor hat mit mal gesagt: Ich wünsche nicht, von Kritikern öffentlich belehrt zu werden. Wenn ein Kritiker mir
wohlgesonnen ist, und er findet in meinen Gedichten etwas
nicht in Ordnung, dann mag er sich der Post bedienen, mir
einen Brief schreiben und mir sagen, was da schlecht ist.
Dafür bin ich dankbar, aber nicht in der Öffentlichkeit.
Wenn er es nämlich in der Öffentlichkeit tut, schadet er
meinem Ruf, und dagegen bin ich. Das ist der Standpunkt
eines Autors, da können wir gar nichts dagegen sagen. Wir
haben unsere Arbeit zu machen, ob wir dem Ruf des Menschen schaden oder nicht. Wir haben dem Publikum zu dienen, da ist nun nichts zu ändern. Ich glaube, das ist der zen-
trale Punkt.

J. Kaiser Es dient sich dem Publikum natürlich besser,
wenn man kühl eine Sache liest und sie gefällt einem nicht
sehr, und dann wird man zum Fachmann und sagt, das ist
vielleicht etwas besser und das ist schwächer und so. Sondern der ganze Beruf, diese ganze Sphäre macht überhaupt
erst Spaß und ist sinnvoll, gelebt zu werden, wenn einem

ein Werk plötzlich etwas gibt, wofür ich kein besseres Wort finde als *Emotionsgewissheit.* Plötzlich sagt man: Donnerwetter, da ist etwas dran! Dieser Absatz oder dieser Vers oder dieses Bild, da stellt sich etwas ein … es ist vielleicht kein Zufall, dass es für diese Art von Sicherheit, die einen dann ergreift, kein wirkliches Wort gibt, weil es etwas Lebendiges ist.

Wenn diese Emotionsgewissheit sich nicht herstellt, wenn man also eigentlich so auf hohem Niveau gelangweilt etwas liest oder etwas hört, dann ist der Beruf sicher so trostlos, wie sich diejenigen das mitunter ausmalen, die schlecht darüber denken. Aber sie stellt sich ja doch her, und ich finde es immer sehr bemerkenswert und schwierig, sozusagen die Beziehung zwischen dem quasi argumentativen Teil einer Kritik zu finden, der so tut, als ob man über Kunst so argumentieren kann, dass andere Leute das verstehen, dass sie also begreifen, warum sie ergriffen sind, und dieser nicht zugestandenen Emotionsgewissheit. Denn was nützt es jemand, wenn ich sage: Davon bin ich emotional berührt gewesen, und deshalb hat mich dein ganzes Ding überhaupt interessiert. Das heißt, man neigt da – das Wort Heuchelei ist zu hart –, man neigt da zu einer Art Tonfallschwindel, weil man so tut, als ob man quasi mit lauter subtilen Argumenten etwas erkannt hätte, was viel früher und viel wichtiger sich in einem aufbaut, und dann hat man nachgeschaut: Wie kann ich das jetzt begründen.

M. Reich-Ranicki Sagen Sie mal, ist das, was Sie nicht gesagt haben, ungefähr dasselbe, was ich jetzt ganz anders formulieren werde, aber es läuft doch …

J. Kaiser   Kann ich noch nicht sagen …

M. Reich-Ranicki   … auf etwas Ähnliches hinaus: Es ist doch der Endzweck unserer Arbeit, dass der Leser ein Buch, der Zuschauer im Theater, der Konzertgänger genauso, ein Buch anders liest und versteht, nachdem er unsere Kritik gelesen hat, indem wir ihm zum Verständnis des Buchs verhelfen und sein Vergnügen, seinen Genuss vergrößern. Darum geht es doch letztlich. Das ist das Entscheidende. Und indem wir das tun, dienen wir nicht nur dem Leser, wir dienen der Literatur damit, indem wir zwischen der Literatur und dem Leser, zwischen dem Publikum im Opernhaus und denen, die die Oper aufführen, vermitteln. Es ist also eine vermittelnde Funktion. Deswegen hat der Kerr, das sagten wir am Anfang, nicht Recht gehabt, als er gesagt hat: Lyrik, Dramatik, Kunst, Kritik. Nein, die Kritik hat eine Art Hilfsdienste zu leisten als vermittelnde Disziplin.

J. Kaiser   Mir klingt das, was Sie jetzt sagen, offen gestanden zu sehr wie ein Transportunternehmer. Sie haben eine Ansicht, diese Ansicht sollen Sie vermitteln. Das geben Sie dem Publikum, und hoffentlich kann man den Leuten helfen usw. Ich finde, wenn man eine Kritik schreibt, soll man nicht zu genau wissen, wie sie läuft. Man soll aber auch nicht zu wenig wissen, sondern so, wie es dem Autor auch geht: Bei dem Zusammenkommen mit dem Material stellt sich etwas Neues her. Verstehen Sie: Was heißt musikalisch sein …

M. Reich-Ranicki   Vorsicht, Vorsicht ...

J. Kaiser   Ich bin vorsichtig ...

M. Reich-Ranicki   Sehr gefährlich ...

J. Kaiser   Natürlich, gefährlich ist das alles.

Was heißt musikalisch sein oder literarisch begabt sein? Das heißt doch im Grunde, dass man aus dem Wort- oder Tonmaterial das heraushört, was interessant ist, und dass man merkt, das kannst du jetzt nicht sagen, und dieses Wort geht nicht und jenes geht. Dass man also die Gebrauchsfähigkeit des künstlerischen oder des wörtlichen Materials instinktiv empfindet. Dann ist man musikalisch oder literarisch begabt.

Und ich finde, wenn man eine Kritik schreibt, jedenfalls ist es mir oft passiert, ich sage dann nicht, ich will jetzt die und die Meinung möglichst effektvoll an den Mann bringen, sondern manchmal läuft die Kritik während des Schreibens etwas anders, als ich es eigentlich gewollt habe. – Geht Ihnen das nie so?

M. Reich-Ranicki   Halt, halt, langsam. Nein, das darf nicht passieren. Jawohl, das passiert manchmal, aber das ist, glaube ich, nicht zulässig. Goethe durfte sagen, er wollte aus der Adelheid im *Götz von Berlichingen* ein Scheusal machen, und während der Arbeit hat er sich in sie verliebt. Heinrich Mann hat aus dem Professor Unrat einen abscheulichen Kerl machen wollen, und dann hat er Mitleid gehabt, dass dieser Unrat sich in ein Flittchen verliebt, und die Figur schillert dann – die beste Figur, die er überhaupt je geschaffen hat.

J. Kaiser   Sie meinen, das darf einem als Schreibendem nicht passieren?

M. Reich-Ranicki   Das darf dem Romancier passieren, dem Stückeschreiber, klar. Der Kritiker, der muss ein bisschen mehr Selbstkontrolle als der Künstler haben, der darf nicht sagen: Mich treibt der Geist, das so zu schreiben. Der muss sich genau überlegen – das Wort, das Sie mir als Vorwurf an den Kopf geworfen haben –, wie wird das wirken? Die Wirkung muss er genau bedenken, steht schon bei Lessing. Der Kritiker darf die Worte wählen, die er will, aber er muss die Wirkung immer bedenken. Wir dürfen nicht so tun: *wir seien* die Poeten, die da nur auf das Kunstwerk reagieren. Nein, nein, wir müssen uns selber sehr kontrollieren.

J. Kaiser   Sowohl – als auch … Das Schlimmste, was einem beim Schreiben passieren kann, ist doch, wenn man merkt, jetzt verirre ich mich, und es zwingt mich doch die Logik des Satzes, der folgt, dazu, dass ich jetzt einen zweiten schreibe, von dem ich weiß, später kann ich ihn wahrscheinlich nicht benutzen.

Aber Sie haben gesagt, das sei Ihnen zu riskant und zu gewagt. Ich finde, ganz ausschalten kann man das Risiko, dass ein Text selbst anfängt zu leben, nicht. Es ist doch etwas Lebendiges. Ich meine, je komplizierter das neue Buch ist, mit dem man sich auseinander setzen muss, oder wenn man einen schwierigen Gedichtband liest – man tut doch nicht oben quasi ein Geldstück rein und unten kommt dann als Lutscher das Urteil raus.

M. Reich-Ranicki   Nein, nein, Sie haben Recht. Es ist eine bekannte Erscheinung in der Kritik und eine bedauerliche. Man spricht mit einem Kritiker: Haben Sie das Buch schon gelesen? Ja. Wie finden Sie das? Ach, eigentlich ganz passabel, recht gut, hat seine Schwächen, aber es ist ein recht gutes Buch. Dann kommt die Kritik, die gedruckte: Totalverriss. Warum? Während er die Kritik geschrieben hat, drängten sich die Argumente gegen das Kunstwerk auf. Das ist gefährlich. Dem darf man nicht nachgeben. Das ist höchst riskant. Aber, lieber Herr Kaiser, ich muss jetzt ein wahres Wort sagen. Es ist höchst riskant, Veranstaltungen zu machen, wo hinterher die Leute sagen: Es war ja sehr gut, nur ein bisschen zu lang war es.

Deshalb stelle ich die Frage, ob das nicht der Augenblick ist, dass wir mal Schluss machen. Da haben wir sehr vieles nicht erörtert, wir brechen mittendrin ab. Da fällt mir gar nichts Besseres ein als der Schluss, den wir auch immer wieder im *Literarischen Quartett* verwenden: Ich bekomme so viele Leserbriefe, ob das von Goethe sei oder von Schiller, das Wort. Es ist nicht von Goethe, nicht von Schiller, sondern von Brecht:

»Und also sehen wir betroffen, den Vorhang zu und alle Fragen offen!«

J. Kaiser   Sehr schön!

Kritisches Intermezzo
Gerhard Roth • Jürgen Kolbe
Günter Herburger • Heinz Friedrich
Barbara König • Urs Widmer
Michael Krüger • Rachel Salamander
Peter Laemmle • Joachim Kaiser
Gert Ueding • Uwe Wittstock
Hanjo Kesting

Gerhard Roth

Reich-Ranicki und die Macht, das ist ein weites Feld in der Literatur, sozusagen ein Begriff. Reich-Ranicki genießt die Macht. Er vertraut seiner Improvisationskunst im lauten Denken, im Formulieren, in der Rhetorik. Was er nicht versteht, ignoriert oder bekämpft er, ohne den Versuch zu unternehmen, sich selbst in Frage zu stellen. Er ist so gesehen ein selbst ernannter »Urmeter«, der Maßstab aller literarischen Dinge, und will es auch sein. Sein Beispiel, seine Begabung, sich in Szene zu setzen, hat auch die Mitglieder des *Literarischen Quartetts* zu Stars gemacht, nicht selten auf Kosten der Autoren, die immer wieder zur bloßen Folie von Geistesblitzen und Bonmots ihrer Kritiker verkommen. Ich bezweifle, dass alle Bücher, die im *Literarischen Quartett* besprochen werden, von diesem auch wirklich gelesen wurden und nicht nur »quergelesen«. Weinverkostern gleich sind da Literaturverkoster am Werk, die sich einen Schluck zu Gemüte führen und ihn gleich wieder ausspucken, um ihre eigene Meisterschaft in der literarischen Degustation öffentlich unter Beweis zu stellen. Ein anderer Vergleich: Preisrichter, die die Kür eines Eiskunstläufers oder den Sprung eines Skifliegers benoten, ohne dass das Publikum die Kür oder den Sprung zu Gesicht bekäme. Die Unterhaltung liefert einzig die unterschiedliche Beurteilung durch die Jury – die Veranstaltung lebt von den Absprachen oder den Meinungsverschiedenheiten der Juroren. Was hat das mit Reich-Ranicki zu tun? Reich-Ranicki *ist* das *Literarische Quartett*, und alle quartettähnlichen Veranstaltungen werden an ihm gemessen, an seinen scharfen Formulierungen, seinem Witz, seinen anzüglichen Vergleichen, seiner Dreistigkeit, seiner Intelligenz, seinem Scharfsinn, seiner Unerbittlichkeit. Wo Reich-Ranicki nicht mitdiskutiert, sind die Quoten niedriger. Das Publikum, unterschiedlich an Literatur interessiert, will sehen, hören – und lesen –, wie *er* hinrichtet, aufrichtet, zu Grunde richtet, abrichtet, einrichtet, verrichtet, berichtet. Es will den Daumen sehen, der hinauf oder hinunter weist, es ergötzt sich am inquisitorischen Schauspiel, an der eitlen Selbstdarstellung der Kritiker, die aus Ruhmsucht den elektronischen Jahrmarkt bedienen. Reich-Ranickis hohe Kompetenz, sein Selbstglaube, sein sarkastischer, gelegentlich selbstironischer Witz, seine ungehemmte Bereitschaft zur Vernichtung kontrastieren auffällig mit seiner ebenso hohen Inkompetenz, Lustlosigkeit, Verachtung, Bereitschaft zu Adorierung und Spott. Analyse schlägt um in Polemik oder Beweihräucherung, alles rhetorisch brillant, nicht selten auf virtuose Weise mit der Geschmacklosigkeit jonglierend, bereit, für ein Bonmot einen Verrat zu begehen. Für Reich-Ranicki ist die Literatur Leidenschaft und zugleich Sprungbrett zur Selbsterhöhung. Sogar im ausgesprochenen Lob erhöht Ranicki sich gleichzeitig selbst, in der Bewunderung steckt immer auch Eigenlob – Selbstlosigkeit ist ihm nicht gegeben. Trotzdem, um im Jargon Ranickis zu bleiben, haben wir es mit einer unverwechselbaren Persönlichkeit zu tun, einem Mann, der sich dank seiner Eigenarten, seines Temperaments, seines Muts, seiner Festigkeit, seines funkelnden Geistes, aber auch seiner Rücksichtslosigkeit, seiner Schlagfertigkeit und seiner permanenten Bereitschaft zum Konflikt, seiner Bösartigkeit und Eitelkeit in die Literaturgeschichte hineinstilisiert hat.

Jürgen Kolbe

Wenn in diesem Land über Bücher, Literatur und Literaten die Rede war, ist es im letzten halben Jahrhundert so ziemlich unmöglich gewesen, nicht auch über ihn zu sprechen.

Gilt nicht ohnehin schon für manche, dass der einzigartige Ruhm und die in seinem Genre absolut untypische Öffentlichkeit dieses Mannes nur noch mittels der Parodie darstellbar sind? Um ihn in der falschen Nähe, die das Parodistische gewährt, etwas nachbarlicher erscheinen zu lassen? Grundfalsch! Wer dem Mann so beikommen will, spielt seine Ernsthaftigkeit und Arbeitsamkeit bequem herunter, nur weil ein flacher Jux dabei herauskommt.

Das erste Geheimnis der Sendung, in der vier Literaten sich anderthalb Stunden unterhalten, ist keines: Die Sendung ist live, also so aufgenommen wie gesendet. Was geredet wird, kommt auch so beim Zuschauer an. Revisionen sind nicht möglich. Präsenz ist alles. Und es macht Sinn, wenn sich das Quartett – immer unter der Ägide Reichs – gut zwei Stunden vorher zu einer Art rituellem Mahle trifft. Streng ausgeschlossen als Gesprächsstoff: die später in der Sendung behandelten Bücher. Wie immer gibt der Meister den Ton an. Es wird groß auf Entspannung gemacht – obwohl keiner entspannt ist. Man sollte annehmen, dass die Profis im Laufe der Jahre lockerer geworden sind. Nicht die Spur. Die drei Ständigen der Viererrunde machen im Gegenteil den Eindruck, wenn sie im Studio Platz nehmen, es habe gleich ihr letztes Stündchen geschlagen. Karasek hat vorher mehrfach das Hemd gewechselt und sieht bei der ersten Großaufnahme trotzdem aus, als käme er direkt aus der Sauna. Frau Löffler lenkt alle Nervosität erfolglos auf ihre Frisur. Das Lächeln, das sie dem Gast mildtätig schenkt, wirkt gequält. Am konzentriertesten ist Reich-Ranicki. Kurz bevor er ins Studio geht, ist er, der Redegewandteste, verstummt. Er sitzt seiner Frau Teofila gegenüber, sie haben die Hände ineinander gelegt und schweigen. Nicht dass der Gast nicht aufgeregt wäre, ganz im Gegenteil. Aber bei der Fülle dieser aufs Ende zielenden Gesten weiß auch er: Die nächste Stunde wird er nicht überleben …

Nun wissen wir, dass noch aus jedem *Literarischen Quartett* am Ende die vier Leute herausgegangen sind, die auch Platz genommen hatten. Und wenn uns mitunter ein wenig flau gewesen war, dann waren die Bücher nicht aufregend, oder Frau Löffler verfiel wieder mal gegenüber dem Meister in Resignation, oder Karasek musste sich wieder mal unter dem Niveau der anderen amüsieren. Eines war dem »Quartett« jedenfalls nicht nachzusagen: dass Marcel Reich-Ranicki nicht wieder mal von höchster Präsenz war. Genauer gesagt: Er war außerordentlich unterhaltend. In drei Annäherungen soll das Phänomen »Unterhaltung« erkundet werden.

Erstens: findet sich in Goethes *Wahlverwandtschaften*, einem Favoriten Reich-Ranickis, eine wenig bemerkte Spur des Begriffs »Unterhaltung«, wie wir ihn dem Sinne nach immer noch verwenden: Nachdem die schöne Ottilie auf dem Schloss von Eduard und Charlotte (deren Ehe sie später erheblich durcheinander bringen sollte) angekommen ist, entwickelt sich folgendes Gespräch: »Den anderen Morgen sagte Eduard zu Charlotten: ›Es ist ein angenehmes, unterhaltendes Mädchen.‹ ›Unterhaltend?‹, versetzte Charlotte mit Lächeln, ›sie hat ja den Mund nicht aufgetan.‹ ›So?‹, erwiderte Eduard, indem er sich zu besinnen schien, ›das wäre doch wunderbar!‹«

Der alte Wieland, der von Literatur eine Menge Ahnung hatte, sagte, Goethe müsse man allein für diese Szene ein Rittergut vermachen. Von hier an, und dieser Satz könnte auch von Reich-Ranicki stammen, beginnt der moderne, psychologische Roman. Der Begriff des »Unterhaltenden« hat den Kritiker nicht verlassen, selbst in einem notorischen, auf Massen zugeschnittenen Unterhaltungsmedium wie dem Fernsehen. Als Reich-Ranicki einmal in Gottschalks Wettendass-Sendung auftrat – ein Populismus, der noch keinem Literaturkritiker zuteil wurde –, redete er ausschließlich über Bücher und über die Notwendigkeit zu lesen. Theodor Fontane empfahl er dem Millionenpublikum als Lektüre. Und er tat es so temperamentvoll einfach, dass sich ganz allgemein zum Zweiten sagen ließe, dass Marcel Reich-Ranicki die deutsche Sprache mit einem kritischen Ton versorgt hat, der viel mit »Unterhaltung« zu tun hat. Als er einmal gefragt wurde, warum die Wirkung seiner Literaturkritiken so enorm sei, antwortete er – in der Fernsehsendung *Zeugen des Jahrhunderts* – dieses: »Vielleicht hat das mit einer der Untugenden der deutschen Literaturkritik zu tun, nämlich mit der Neigung einer allzu komplizierten Diktion. Als Fontane alt wurde, schrieb er in einem Brief an seine Tochter Mete, er müsse mit seinen Schreibereien – er meinte die Rezensionen – für natürliche Menschen ein wahres Labsal gewesen sein, denn sie hätten diesen Rezensionen immer die Antwort auf die Frage entnehmen können: Gold oder Blech, Weiß oder Schwarz. Vielleicht darf ich diese Worte Fontanes in aller Bescheidenheit auch für mich in Anspruch nehmen. Ich glaube, dass die Bemühung um Deutlichkeit, um maximale Deutlichkeit, um Klarheit, um Logik, auch um solche in Deutschland oft etwas verachtete Kategorien wie Vernunft und gesunder Menschenverstand – ich glaube, dass dies alles zu der Wirkung meiner Kritik beigetragen hat.«

Dies bedarf allenfalls noch des historischen Hinweises, dass nach dem Zweiten Krieg ein anderer bedeutender Schriftsteller den Grundton des Deutschen in eben jenem komplizierten Sinne geprägt hatte: nämlich Theodor W. Adorno. Was bei ihm selber hochintellektuelle Kunstsprache war, verkam bei den Adepten, den zahllosen Adorniten, zu wirrem

Sprachmüll. Unverständlich und verstiegen verbreitete sich das Gewabere über die schicken Feuilletons und geisteswissenschaftlichen Seminare. Zwar ist noch nicht bewiesen, doch hochwahrscheinlich, dass Reich mit seiner sprachlichen Aufklärung wie ein reiner Quell die trübe Suppe des nachadornoschen Jargons aufhellte.

Natürlich geht es nicht darum, die Sprachgesten Adornos und Reichs gegeneinander auszuspielen, zumal sie sich meist jeweils anderen Themen zuwandten. Die Elemente sachbezogener Unterhaltung sind bei Reich-Ranicki so deutlich ausgeprägt, dass geradezu persönliche Gründe dafür verantwortlich sein müssten. Und tatsächlich führt eine Spur – drittens – in dunkle Zeiten, von denen er einige Jahre vor seiner großen Autobiographie schon einmal erzählt hat. Es ist eine zugleich grausame und wundersame Geschichte, die dem, der sie einmal gehört hat, nie mehr aus dem Sinn geht: Reich-Ranicki und seine junge Frau beschlossen, Anfang Februar 1943 aus dem Warschauer Ghetto zu fliehen – »ein hoffnungsloses, ja sinnloses Vorhaben«, wie Reich sagt. Er erzählt weiter: »Um aus dem Ghetto zu fliehen … musste man über drei Voraussetzungen verfügen. Man musste Freunde, nichtjüdische Freunde außerhalb des Ghettos haben. Man musste Geld haben. Man musste, drittens, über das so genannte nichtjüdische Aussehen verfügen. Bei mir traf keine der drei Voraussetzungen zu, und so war es eigentlich sinnlos zu fliehen. Aber auch wenn die Chance, außerhalb des Ghettos zu überleben, nicht mehr als ein Prozent betrug, so sagte man sich, dass im Ghetto nicht einmal diese Chance bestand.«

Die beiden jungen Leute flohen also. Unter schrecklicher, akuter Lebensgefahr. »Aber« – erzählt er –»viel schrecklicher war ein anderer Umstand: Jede Person, die außerhalb des Ghettos von der Existenz eines Juden wusste und diesen nicht sogleich anzeigte, wurde – und zwar zusammen mit ihrer Familie – mit dem Tode bestraft. Nicht nur derjenige also, der einem Juden half, ging ein ungeheuerliches Risiko ein, sondern auch jeder, der ihn nicht denunzierte.«

Irgendwie kamen sie schließlich in einer Warschauer Vorstadt bei guten Leuten unter, die sie in einem Erdloch, dem Keller oder dem Dachboden versteckten. Die Gastgeber wollten sie, je mehr die Zeit fortschritt, immer häufiger loswerden. Mit der Konsequenz des sicheren Todes. »Irgendwann«, erzählt Reich-Ranicki, »kam die Frau auf die Idee, ich sollte mal was erzählen, und damit begann eine lange, monatelang dauernde Zeit, wo ich ihnen täglich stundenlang Geschichten erzählte – möglichst spannende Geschichten, die einfach den Zweck hatten, die beiden zu unterhalten. Je besser die Geschichte war, je spannender, desto mehr wurden wir belohnt. Mit einem Stück Brot, mit zwei Mohrrüben oder dergleichen.«

Womit er sie »unterhalten« hat? Mit allem, was ihm in den Sinn kam und was die Erinnerung bereitstellte: *Werther* und *Immensee, Rigoletto* und *Madame Butterfly, Schimmelreiter* und *Effie Briest, Hamlet* und *Traviata.* Im September 1944 rückte die Rote Armee bis nach Warschau vor. Sie waren gerettet …

Wer monatelang – wie Scheherezade in *Tausendundeine Nacht* – buchstäblich um sein Leben erzählt hat, vergisst das nie. Der kann »unterhalten« wie kein Zweiter. Deshalb sind diese drei Weisen, unterhaltend zu sein, Marcel Reich-Ranicki, dem Einzigartigen, zum achtzigsten Geburtstag gewidmet.

Günter Herburger
Der Verweser

Als die selig gewordene Gruppe 47 einst in Princeton residier-
te und wir uns zunächst selbständig rüttelnden Betten in einem Motel, an denen Münzautomaten angebracht waren,
hingaben, ereignete sich zu Lesungen folgender Kanon: Hans
Mayer, entschlossen gescheit, stampfte ein oder lobte hübsche
Sprossenliteratur von Bichsel für ältere Herren. Joachim Kaiser, selbst begeistert und noch gescheiter, benützte den Kam-
merton A zum Beweis des angeglichenen Gegenteils; dann
brach sich die Rede von Marcel Reich eine Bahn, verwarf alles,
verkündete eine kurze Weltliteraturübersicht in kleinen Sätzen und relativierte gar nichts mehr. Es war ein Vergnügen.
Mein erstes Buch, über eine Generation, hat Reich gelobt, das
zweite, ein umfangreicher Roman, vernichtet. Er nannte
mich, abschätzig gedacht, einen grünen Heinrich, was heutzutage fast ein wenig hold klingt. Bald musste sich der Kritiker,
unaufhaltsam aufsteigend, in Sicherheit bringen, besprach
nur noch gängige Ware, propagierte Trends, Kurzschlüsse, er-
richtete ein eigenes Imperium. Feuilleton und Literaturbörse

dankten es ihm. Immer häufiger lasen wir auf Reklameanzeigen seine Lobsprüche. Es gab sogar eine Zeit, dass Verdammungsurteile von ihm als verkaufsfördernd galten; eine einzigartige Karriere via Macht. Seine Fehleinschätzungen der schöngeistigen Welt gerieten bisweilen an den Rand der Verheerung. Zum Beispiel behudelte er Thomas Bernhard bis zum Schluss, obwohl dieser Autor nach dem *Kalkwerk,* vor allem in Theaterstücken, nur noch aschfahl rhetorisch besessen schrieb. Diese Methode gefiel vielen. Rück- nebst Vorausblicke für komplexe Manöver in Romanwerken jenseits der Seitenzahl prim 251, gar 257, scheute der Kritiker. Unteilbar sollten Urteile bleiben, genauso wie Auftritte in einem literarischen Singspiel, eine Schöpfung seiner. Dazu gesellten sich ein schwitzender Knecht, eine tröge Gegnerin, beide bestens eingespielt, mitunter auch ein chancenloser Gast.

Reich war ebenfalls Herausgeber, Sammler geworden, allerdings ohne Fehl; ein unablässiges Ereignis, weshalb wir nicht zu fürchten vermochten, er träte ungewöhnlicherweise daneben. Was aber würde das Onkelchen Gombrowicz dazu sagen? Infantil würde es krähen, Grenzen voll Lust und böser Achtsamkeit niederreißen, dem Rodiak den Rücken kehren und psalmodieren: Tadel sei die Alterssülze der Wehmut, lauwarmer Gin in Untertassen der Begeisterung.

Marcel Reich-Ranicki schwadroniert vortrefflich, was ich schätze, und betreibt ein Geschäft, in dem ich mich auskenne, sobald Dichtung und Wahrheit eins werden. Es ist ein unerbittlicher Kampf ums Überleben.

Heinz Friedrich

Seit 44 Jahren kenne ich Reich-Ranicki. Mein Verhältnis zu ihm ist freundschaftlich. Ich habe ihn erlebt, wie er zum ersten Mal auftrat in der Gruppe 47. Ich glaube, es war 1956. Er brachte einen neuen Ton in die freundschaftlich-kameradschaftliche Kritik, die dort üblich war. Ohne Hemmungen ging er sofort mit einer ungeheuren Schärfe auf die einzelnen Autoren und vor allem auf deren Texte los, und zur großen Verblüffung fanden sich dann andere Kritiker auch bereit, die gleiche Tonart anzuschlagen. Damals entstand der berühmte elektrische Stuhl der Gruppe 47, den es vorher in dieser Form nicht gegeben hat. Seitdem es Reich-Ranicki in der Gruppe 47 gab, gab es auch den elektrischen Stuhl. Man musste einfach bewundern, welche Kenntnisse dieser Mann, der aus Polen zu uns herübergekommen war, über die deutsche Literatur besaß, und zwar nicht nur über die vergangene, sondern auch über die gegenwärtige. Zum anderen musste man seine Leidenschaft bewundern, mit der er sich mit Literatur auseinander setzte. Was einem weniger behagte, war die Rücksichtslosigkeit, mit der er das tat. Seine Leidenschaft für Literatur und für die kritische Auseinandersetzung mit Literatur kannte und kennt keine freundschaftlichen Grenzen. Die einzigen Grenzen, die er für sich zieht, sind die, dass er die Bücher seiner engsten Freunde nicht bespricht. Die sind manchmal traurig darüber, aber im Grunde müssten sie eigentlich froh sein, dass er sich so verhält, denn die Freundschaft würde sofort zerbrechen. Mit Günter Grass war er sicher nie recht befreundet. Aber er hat Günter Grass bewundert, und er hat offenbar übel genommen, dass Grass die Hoffnungen, die er mit der *Blechtrommel* erweckt hat, mit seinen späteren Büchern immer weniger erfüllte. Dass Günter Grass dann ebenso leidenschaftlich auf die Angriffe von Reich-Ranicki reagierte, wie diese Angriffe geführt wurden, darf nicht verwundern, denn Grass wurde wirklich verletzt durch das, was Reich-Ranicki über ihn sagte.

Ich habe Reich-Ranicki nie zustimmen können, wenn er behauptet hat, Literatur sei ohne Kritik nicht möglich. Ja, er ging sogar so weit und geht sogar so weit, immer noch zu sagen, ohne Kritik gäbe es keine Literatur. Ich würde umgekehrt behaupten, die Kritik lebt von der Literatur. Aber die Literatur kann ohne Kritik leben. *Krieg und Frieden* wurde geschrieben, ohne dass es einen Reich-Ranicki gegeben hat. Und andere große Werke der Weltliteratur wurden auch geschrieben, ohne dass Reich-Ranicki seinen Senf dazugab. Mein Zwiespalt in Sachen Reich-Ranicki wurde jedoch fast aufgehoben, als ich seine Erinnerungen gelesen habe, denn da begegnete mir plötzlich der Reich-Ranicki, zumindest im ersten Teil, den ich immer in ihm vermutete, nämlich der sensible Reich-Ranicki, der menschliche Reich-Ranicki, der sachlich über seine Erlebnisse berichtet ohne Larmoyanz und ohne sich bei der Weltgeschichte zu beklagen; der sagt, so ist es, das habe ich erlitten, das haben andere mit mir erlitten. Mich haben diese Ausführungen ungemein bewegt. Sie legen Zeugnis ab für die Katastrophe des 20. Jahrhunderts in Europa.

Barbara König

Ich habe ihn erst nach einiger Zeit wahrgenommen, und zwar als eine atmosphärische Veränderung. Und da kam das, was danach ja auch ergänzt wurde sagen wir durch Hildesheimer und andere, die ihren Witz da spielen ließen, aber Ranicki hatte etwas Geschärftes, nicht immer ganz Überzeugendes, weil zu gut, zu schön, zu glatt und zu gekonnt, und er saß da in der Gruppe 47 mit seinem hochintelligenten Gesicht und verbreitete Weltatmosphäre. Es war ein bisschen London, ein bisschen New York drin, und ich erinnerte mich an meinen alten Freund Heinz Pol, der einer meiner besten Freunde war und schon bei der *Literarischen Welt* gearbeitet hatte, und siehe da, Ranicki hatte ihn damals schon gekannt. Und dann, ja, dann kam ein altes Gefühl von Verwandtschaft dazu. Ich kann's nicht sagen, warum. Ich fühlte mich auch sehr, sehr angefeuert und angeregt von dem, was Reich-Ranicki sagte zur Literatur. Ich lernte ja ständig. Ich fing gerade erst an und hatte von nichts eine Ahnung. Ich war Journalistin, Redakteurin, im politischen Bereich noch dazu, bestand nur aus Fragen, wie fängt man ein Buch an: in der ersten Person oder in der dritten und alle diese Dinge, und auf einmal kam einer, der ganz sicher war und auch nicht viel älter, ja doch fünf Jahre älter war als ich, und wusste alles, da war er doch erstaunlich wichtig. Mit der Zeit hatten wir wirklich Gespräche, die mir lange in Erinnerung blieben. Da war sehr viel Überzeugungskraft. Vor allem sein Witz hat mich bezaubert. Da war sein Charme – er konnte ihn anstellen wie einen Scheinwerfer. Was mir sehr gefallen hat, immer, das war seine Fairness gegenüber Leuten, seine wirkliche Anständigkeit gegenüber Menschen, die er schätzte und auch für anständig hielt. Mit Recht. Also der Mann ist natürlich eine schillernde Existenz. Ich würde denken, dass er, das heißt, ich denke, nein, ich sage, dass er eine zarte Seele ist, der sehr empfindlich ist für Schwingungen, die gegen ihn gerichtet sein könnten. So einer, der alles spürt, aber es schlucken muss, weil er selber zu den Austeilern gehört. Und dann sagt, das muss ich einstecken, auch wenn es nur eine böse Schwingung ist, und sicher ist, er zittert darunter. Aber er würde es nie zugeben. Aber diese Mischung spürt man an ihm.

Eine seiner schönsten Seiten ist seine Frau Toscha. Toscha ist wunderbar. Man muss vielleicht ein Engel sein, um mit Ranicki verheiratet zu sein. Toscha ist ein Engel, und sie ist jetzt auch nicht jünger geworden. Ich habe sie im vorigen Dezember gesehen, und sie ist etwas kleiner geworden, aber wunderschön, älter im Gesicht, aber immer noch ein Strahlen um sich, das man nur aus ganz alten jüdischen Familien kennt. Es ist nicht zu löschen, im Gegenteil, es wächst. Und ich habe ihm gesagt – er kam zu mir und wir haben uns unterhalten – ich habe zu ihm gesagt: Toscha wird immer schöner. Haben Sie das gemerkt? Und er hat sie angeschaut und hat zuerst nichts gesagt. Ich hab gesagt, ich will es Ihnen nur bewusst machen. Haben Sie es gesehen? Dann hat er gesagt, ja. Und das hat mich gefreut.

Wir sind eigentlich, wenn man es so betrachtet, alte Freunde geblieben. Ich kenne seine Schattenseiten. Aber sie interessieren mich nicht besonders. Dieser Mann existiert durch seine Persönlichkeit. Er kann hundert werden und immer noch ein Quartett führen oder gründen und die Literatur betrachten. Das spielt keine Rolle.

Urs Widmer

Es gibt die Überzeugungskraft des Alters. Wie kann man gegen einen Achtzigjährigen sein? Welche Argumente soll man bemühen, die dem Argument des schieren Überlebens gewachsen wären? Ich spreche von Marcel Reich-Ranicki. Einer in seinem Alter muss nicht mehr tun als ob, er kann sein, und er ist ja auch. Er ist so, wie er wirkt. Rechthaberisch zuweilen, ja, gut, voll daneben auch manchmal. Früher hat mich das durchaus gestört, ich erinnere mich. Heute sehe ich immer deutlicher seine berührenden Seiten – wie er in seiner Fernsehsendung versucht, ganz der Alte zu sein, eine brillante Dampfwalze, und wie seine Kinder, die auch schon in die Jahre kommen, doch immer vorlauter werden und ihm sogar das Wort abschneiden! Kann sein, dass er, wie einst Molière, auf der Bühne sterben will. – Ja, und dann berührt mich auch immer mehr, wie er von Büchern spricht, die mit jener Vergangenheit zu tun haben, die den Juden im Allgemeinen und ihm im Besondern so übel mitgespielt hat. Da zeigt er ein Engagement, das der Erinnerung verpflichtet

ist und durch seine Wahrhaftigkeit besticht. Dabei ist das
genaue Erinnern nicht unbedingt seine Stärke. Seine Autobiographie enthält gewiss manche Geschichte, die eine Geschichte ist und keine Zeugenaussage. Aber Marcel Reich-
Ranicki will bekanntlich den Büchner-Preis, und den kriegt
man nun mal für Erfundenes. – Im Übrigen ist er für mich
ein Mann, der, ohne sich dessen sonderlich bewusst zu sein,
seit ewig und einem Tag in einer Art Bunker sitzt und durch
einen schmalen Sehschlitz nach draußen sieht in die sonnen-
durchglühte Welt, in der die Dichter wandeln. Er sieht immer nur die, die in sein Gesichtsfeld stolpern, aus Zufall oder
weil sie in seiner Nähe wohnen. Dass es noch ganz andere
gibt, das sieht er nie, das ahnt er kaum, und es ist ihm auch
egal. So sind aus seiner Welt viele Arten des Schreibens aus-
geblendet. Aber wenn er ein Buch ins Auge fassen kann,
dann ist sein Urteil oft stimmig. Mich hat er auch schon gelobt. Quod erat demonstrandum.

Michael Krüger

Wenn man an Reich-Ranicki denkt, dann hat man zunächst doch immer den Wunsch, er möchte sich bald vervielfältigen. Anders als zum Beispiel der mit ihm ja auch befreundete August Everding, der die Fähigkeit hatte, an einem Abend an fünf verschiedenen Stellen gleichzeitig Vorträge zu halten, ist Reich-Ranicki immer nur an einem Ort präsent. Dann aber sehr. Ich kenne nur wenige Leute, die es schaffen, einen ganzen Tisch vollkommen auf sich zu konzentrieren. Es ist also vollkommen unmöglich, an einem Tisch mit ihm zu sitzen und sozusagen anzufangen zu träumen, seinen Träumen nachzuhängen, dann kommt immer seine laute Stimme, die einen zurückruft, die einen fordert, seinen Fragen nachzugehen. Das Zweite ist, warum man sich ihn gerne vervielfältigt vorstellen möchte, dass er natürlich in dieser Gesellschaft eine singuläre Rolle spielt. Noch in den 60er Jahren, als wir aufwuchsen, gab es ja viele Konkurrenten für Marcel Reich-Ranicki. Es gab Adorno, es gab den alten Ernst Bloch. Es gab den damals noch unerhört alerten Hans Mayer. Es gab Canetti, es gab dann eine Gruppe von jüdischen Intellektuellen, die sich mit ästhetischen Fragen, mit Literaturkritik, Musik beschäftigten, die den Diskurs in der Bundesrepublik bestimmten. Heute steht er plötzlich ganz alleine da, und Gott sei Dank ist er trotz seiner 80 Jahre ja keineswegs in seiner Aktivität eingeschränkt, sondern im Gegenteil, wenn er irgendwo ist, beherrscht er das Geschehen vollständig. Aber er ist plötzlich einer der Letzten. Und in Deutschland aus dieser Generation sicherlich *der Letzte*. Insofern muss man ihn geradezu pflegen und hegen, damit er uns noch lange erhalten bleibt. Nie käme er auf die Idee, dass eine Kritik verletzend sein könnte. Das heißt, er hat sozusagen eine Konzeption eines Lehrmeisters in sich, die überhaupt nichts Verbindliches hat, sondern die darauf fußt, dass er das ästhetische Programm intus hat, und zwar auf Grund der simplen Tatsache, dass er alles kennt und alles gelesen und alles gehört hat und man sich nach diesem ästhetischen Programm zu richten habe. Das ist auch interessant, dass er, wenn man ihn kennt und mit ihm beisammen sitzt, sozusagen an seinem Urteil nie hat einen Zweifel aufkommen lassen. Das ist sein Urteil, und daran gibt's nichts zu deuteln, denn während man sonst einem Menschen gegenübersitzt, der sagt, na ja, ich weiß nicht, ob ich das wirklich so richtig gesehen habe, vielleicht habe ich mich geirrt – das habe ich bei Reich noch nie gesehen. Das macht seine unerhörte Stärke aus, dass er nie hinter seine Urteile zurücktritt, dass der Zweifel sein Urteil nie wirklich beeinflusst. Und damit komme ich zu einem wichtigen Punkt, denn eine Kultur, eine literarische Kultur, bräuchte natürlich eigentlich zehn oder fünfzehn Reich-Ranickis, dann natürlich mit verschiedenen Ansichten und verschiedenen Präferenzen, um sozusagen einen Chor zu finden, der die verschiedenen literarischen Äußerungsmöglichkeiten in irgendeiner Weise zu einer Literatur zusammenzwingt. Da er in den letzten Jahren der Einzige geblieben ist, von Ausnahmen abgesehen, natürlich von Joachim Kaiser – da er doch eine so beherrschende Rolle hat, im Fernsehen, in seiner Präsenz als Vortragender, als Schriftsteller, ist ihm sozusagen eine Macht zugewachsen, mit der er ja auch persönlich irgendwie umgehen muss; denn er sieht ja an den Reaktionen, die er manchmal auf seine Artikel erhält, dass nicht jeder seiner Meinung sein kann. Und das ist ein sehr schweres psychologisches Problem. Ich wünschte mir also, er würde jetzt sich zu seinem Geburtstag eine Klasse an der Universität aufbauen, wo er 30 bis 40 junge Reich-Ranickis heranzieht, die dann, wenn er einmal keine Lust mehr hat, Kritiken zu schreiben, sein Amt mit voller Wirkung übernehmen.

Rachel Salamander

Marcel Reich-Ranicki hat sein Leben lang nicht aufgehört, seine unbedingte Liebe zur deutschen Literatur und Musik zu beteuern, trotz des Leides, das Deutsche ihm und den Seinen zugefügt haben. Mich freut es, dass viele Menschen ihm hierzulande mit dem Interesse, das sie seinem Buch entgegenbringen, diese Liebe erwidern.

Das ist doch ein wunderbares Geschenk für einen, der hier gedemütigt, verjagt, deportiert, ja, für sein Leben gezeichnet wurde. Übrigens, das wahrscheinlich schönste Geschenk seines Lebens hat ihm seine Frau Teofila zum 21. Geburtstag 1941 gemacht. Das war im Warschauer Ghetto. Sie übergab ihm, was er unbedingt haben wollte und nicht mehr bekommen konnte: Kästners *Lyrische Hausapotheke*, eigens für ihn von Hand abgeschrieben und hinreißend farbig illustriert. Ganz sorgfältig geheftet haben die ausgewählten Gedichte die Katastrophe überstanden und sind als Faksimile soeben erschienen.

Natürlich haben ihm sein streitbares Temperament und sein

frischer Mut über all die Jahre hinweg nicht nur Freunde eingebracht. Als Meister der Zuspitzung und klaren Urteile – nichts verachtet er mehr bei Kollegen, als wenn sie vor lauter Hin und Her zu keiner Aussage kommen; er jedenfalls, der immer sagt, was er meint, sorgt für Widerspruch, muss menschlich einiges einstecken, doch die Literatur bleibt dabei im Gespräch.

Ich kenne ihn nun schon viele Jahre und bin immer wieder von seiner unbändigen Präsenz eingenommen. Er ist äußerst amüsant, witzig und geistreich, mit einem ungeheuren Gedächtnis ausgestattet, er teilt aus, kann aber ebenso gut einstecken, er ist milder, als man gemeinhin annimmt, und Frauen können durchaus seine bestrickende Art erleben, langweilig wird es mit diesem Mann jedenfalls nie. Er führt meistens das große Wort und verabschiedet sich selbstironisch mit den Worten: »Der Abend hätte so schön sein können, hätte man mich nur ausreden lassen.« Ich wünsche uns, dass es ihm noch lange gut ergehe, damit er der Literatur und dem literarischen Leben noch länger das geben kann, wovon sie nie zu viel hatten.

Peter Laemmle

Marcel Reich-Ranicki hat die Literaturkritik ungeheuer polarisiert. Und man hat ihm zunächst übel genommen, dass er etwas eingeführt hat, was man längst abgeschafft glaubte, nämlich eine Hierarchie der Qualitäten. Also dass jemand so ganz klipp und klar gesagt hat, das ist gut, das ist schlecht, das ist missglückt, das war ja in den 70er Jahren gar nicht mehr so (wegen der politischen Entwicklung vorher). Das galt nicht mehr als wichtig, weil man in der Nach-68er-Zeit gesagt hat: jeder kann schreiben. Es gab ja viele, im Grunde diese ganze Richtung der neuen Subjektivität, der neuen Innerlichkeit – denken Sie an Karin Struck, die schrieben, aber waren eigentlich keine literarischen Profis. Reich-Ranicki hat in die Literaturkritik wieder das Kriterium der Professionalität eingeführt. Also das ist eine ganz entscheidende Geschichte. Dann waren ja seine Maßstäbe die, dass er gefordert hat, ein Autor muss etwas zu sagen haben, das Buch muss kurzweilig sein, und es muss gut geschrieben sein. Über das Kriterium der Kurzweiligkeit müsste man noch diskutieren, denn da würde ja viel Literatur eigentlich durch den Raster fallen. Also der späte Goethe ebenso wie die *Ilias* von Homer mit dem langweiligen Schiffskatalog, den ja alle Leute überblättern. Aber auch *Der Mann ohne Eigenschaften* ist nicht auf jeder Seite kurzweilig, und nicht einmal Joyce ist durchgängig kurzweilig. Was aber wichtig war: Reich-Ranicki hat die Unterhaltsamkeit und die Kurzweiligkeit in die Literaturkritik eingebracht, die bis dahin natürlich so ein wenig akademisch, ein wenig umständlich usw. war und bis zur Unkenntlichkeit differenziert. Also das kann man ihm ja nicht vorwerfen, dass er bis zur Unkenntlichkeit differenziert ist, sondern er wollte immer ganz klare Urteile, bei denen er sich zum Teil gelegentlich auch geirrt hat, und er sagt auch selber, dass er sich geirrt hat und ein Kritiker müsste sich irren. Er hat etwas eingebracht, einen nichtakademischen Ton, und er ist einer der wenigen, die hauptberuflich Kritiker sind, also wie diese großen alten Figuren, aus den 20er Jahren, wie Alfred Kerr. Es ist ihm allein schon durch die Tatsache gelungen, dass sich alle an ihm irgendwie reiben konnten, dass er alle provoziert hat, einen ganz großen bedeutenden Anteil an der Entwicklung der Literaturkritik der letzten 30, 40 Jahre zu haben. Durch seine Urteile, aber auch durch sein Verhalten im Literaturbetrieb. Er war ja immer derjenige, der Sachen ausgesprochen hat, die andere zwar gedacht haben, aber nicht aussprechen wollten. Es war wie in jenem Andersen-Märchen von *Des Kaisers neuen Kleidern*, in dem das Kind sagt, »aber der Kaiser geht doch nackt«. Ich erinne-

re mich da an einen Fall, über den ich mich damals sehr geärgert habe. Reich-Ranicki hatte über den Nobelpreisträger
Canetti geschrieben, dieser habe nur ein schmales Werk, und
irgendwie gäbe es eine Leser- und Kritikergemeinde, die immer sozusagen auf den Knien vor dem Canetti herumrut-
sche. Ich gehörte damals selber noch zu dieser Gemeinde
und mich hat das ungeheuer geärgert – aber ich denke heute
immer noch daran, und das ist viele Jahre, um nicht zu sagen Jahrzehnte her. Heute würde ich sagen: Reich-Ranicki
hatte Recht. So hat er auch – sagen wir mal – langfristig mit
bestimmten grundsätzlichen Urteilen, die er gefällt hat, oft
Recht behalten.

Joachim Kaiser

Meinen alten Freund Marcel Reich-Ranicki kenne ich nun schon seit sehr viel länger als 40 Jahre und deshalb weiß ich auch, dass seine vielleicht allergrößte Stärke, dieses riesige und polarisierende Temperament, ein bisschen auch geeignet ist, seine anderen Stärken zu überschatten. Man sieht immer nur den großen Polemiker, den fabelhaften Streiter, und man vergisst, was dahinter steht. Das ist ein bisschen nicht seine Schuld, aber doch sein Schicksal. Er fing in den 50er Jahren, als ich ihn kennen lernte, da fing er mich, indem er sich recht gut auskannte über Chopin. Er versteht sonst, wie alle klugen Juden, hauptsächlich was von Wagner, soweit es die Musik betrifft, aber Chopin ist für ihn auch ein Großer. Er sagte mir in unserem ersten Gespräch, die Chopin'schen Sonaten seien eigentlich die einzigen, die sich mit den Beethoven'schen vergleichen könnten, und ich sagte, mein Gott, ich hätte so gerne diese polnische Chopin-Ausgabe, die gibt's ja gar nicht. Das war damals alles noch sehr viel schwieriger als heute. Und daraufhin schickte er sie mir, obwohl wir uns gar nicht kannten. Und um den Zoll zu sparen, musste er in jedem Band, es waren, glaub ich, zehn oder zwölf Bände, eine ganz persönliche Widmung hereinschreiben, auf die ich immer noch stolz bin. Ich sagte, sein Temperament überschattet seine Talente, natürlich im Bewusstsein der Öffentlichkeit, aber wenn man sich so ansieht, was er eigentlich macht, zum Beispiel diese fabelhafte Frankfurter Anthologie: Was hat er für eine große und stetige und auch produktive Liebe zur deutschen Literatur! Das sind doch jetzt zehn, elf oder zwölf Bände deutscher Gedichte, sorgfältig ausgesucht, und ich weiß aus eigener Erfahrung, wie sorgfältig er jeden Kommentar, den er zu diesen Gedichten von deutschen Schriftstellern schreiben lässt, wie sorgfältig er den redigiert. Das macht er nun nicht seit einem Jahr oder fünf, sondern seit Jahrzehnten, und es gibt, glaube ich, kaum eine schönere und tröstlichere Huldigung und schönere literarische Leistung, als wenn man sich mal zurückzieht und in diesen Bänden blättert und sieht, was die deutsche Lyrik vermag. Das gehört auch zu diesem streitbaren Temperament. Aber das vergisst man dann. Und ich weiß schon, ich hab ja selbst ein paar Mal dran teilgenommen, das *Literarische Quartett* gilt als etwas zu streng, dort würde so gnadenlos verrissen oder allzu sehr gelobt, und wenn Sachen in diesem *Literarischen Quartett* nicht besprochen werden, dann haben sie sozusagen gar keine Existenz für die Buchhändler. So etwas schafft natürlich Animositäten. Aber auch da muss man sich überlegen, was hat der Reich-Ranicki da eigentlich geleistet? Da ist doch eine Sendung entstanden, die den ganzen Fernseh-unfug nicht mitmacht. Normalerweise würde man doch an-nehmen, da müssten Interviews mit den Autoren stattfinden und die Kamera müsste im Zimmer des Schriftstellers her-umfahren und man müsste hingehen und das alles optisch auflockern. Das ist doch das Gesetz des Fernsehens. Und was macht Reich-Ranicki? Vom ersten Moment an verbietet er all das, es kommen nur die Leute, es wird nur über die Texte und zu den Texten gesprochen, und der ganze visuelle Tin-nef entfällt. Auch das ist seine Leistung, sein Konzept. Auch das hat er so gewollt. Und das muss man doch eigentlich auch berücksichtigen. Ich bin froh drüber, mit ihm so lange befreundet zu sein. Und wenn die Leute immer sagen, mein Gott, dieser Literaturpapst, andere reden von einem Musik-papst, dann sag ich immer, zu einem Papst macht man sich doch nicht selbst. Das tun, wenn überhaupt, die anderen.

Gert Ueding
Die Attacken Don Quichottes

Vom *Literarischen Quartett* Abschied nehmen heißt auch eine rhetorische Schaubühne verlieren, die einzigartig war in Deutschland. Ein Ärgernis denen, für die die Literatur ein zu ernstes Geschäft ist, als dass man sie zu einem Gesprächsspektakel im Fernsehen machen dürfte. Doch ebenso geschmäht von allen, denen das entschiedene Urteil die Unterhaltung verdarb, weil sie längst gegen Kritik allergisch geworden sind. Dennoch: So sehr das »Quartett« gescholten wurde, von den Autoren gehasst, die darin nicht zum Zuge kamen oder deren Buch mit Pauken und Trompeten durchfiel, und in der Regel nicht einmal von den Schriftstellern geliebt, die ihm einen Auflagensprung verdankten – das Publikum hat sich an diesem Literaturgespräch delektiert bis zuletzt.

Denn darin vor allem zeigte sich das rhetorische Prinzip dieser Gesprächsrunde: Es galt nicht, den Gesprächspartner von der eigenen Ansicht zu überzeugen, sondern den eigentlichen Adressaten, den Zuschauer, für das Buch zu gewinnen oder ihn dagegen einzunehmen. Prodesse et delectare, nützen und unterhalten: die Horaz'sche Formel eines rhetorischen Literaturverständnisses regierte die ganze Veranstaltung, und niemand hat auf dieser Klaviatur virtuoser gespielt als ihr Erfinder. Seine leidenschaftliche, ungehemmte, aber eben damit auch spielerisch die Grenzen des Formats strapazierende Beredsamkeit war und ist es, die Leben selbst noch Büchern einspritzte, die schon halb tot zur Welt gekommen waren.

Womit ich keineswegs Reich-Ranickis Gesprächspartner – die ständigen nicht und nicht die wechselnden – zu reinen Statisten erklären möchte. Sie waren es manchmal und waren es oft nicht, sie fungierten als Stichwortgeber oder Reibefläche und erfüllten im Übrigen ihre rhetorisch genau ausgeklügelte Rolle: Hellmuth Karasek als launiger Hansdampf, Sigrid Löffler als betuliche und belehrselige Bibliothekarin, der jeweilige Gast als Projektionsfigur, in dem sich das eingespielte Kritikertrio mehr oder weniger wohlwollend spiegelte.

Und dieses Kunstprodukt funktionierte, weil es, in Rede und Gegenrede, in launigem Scherz und bissiger Pointe, in scharfsinnigem Aperçu und lebendiger Erzählung die Idee eines Literaturgesprächs vermittelte, das mit der Realität des Literaturbetriebs nur insofern zu tun hatte, als es die Verkaufszahl der besprochenen Bücher nicht unberührt ließ. Eine Idee freilich, die – dank des Meisters auf der Couch – für die Dauer der Sendung eine oft geradezu fabelhafte Vitalität entwickelte.

Indem er nicht müde wurde, seine eigene Lese-Erfahrung zum eigentlichen Medium der Kritik zu machen, verstieß er zwar gegen die Regeln der Zunft (die ihm das auch heimzahlte), gab dem Buch aber eine Aura zurück, die es sonst im Bestsellergeschäft und auf dem Medienmarkt längst verloren hat. »Ich empfinde dieses Buch als unerträglich.« – »Ich würde so etwas nie im Leben freiwillig lesen.« – »Es lohnt sich nicht zu verteidigen, es lohnt sich nicht, das Buch zu lesen, es ist nichts wert.« Aber auch: »Das Wichtigste, was das Buch bietet, was dringend gebraucht wird: Es ist ein Trostbuch. Es sind Lebensrezepte, die geboten werden, und es werden Weisheiten geboten.« Oder: »Herrgott, das, was hier drinsteht, habe ich immer gespürt, geahnt, vielleicht gewusst, nur ich konnt's nicht ausdrücken.« Gerade diesen Enthusiasmus hat man ihm als unkritisch und bloß geschmäcklerisch verübelt, doch gibt es seit dem Beginn der Moderne im späten 18. Jahrhundert denn überhaupt eine andere Instanz, die eine Literaturkritik legitimieren könnte und spräche sie noch so kundig von Stil und Charakter, Handlung und Sujet – als eben den kritischen Leser selber?

Reich-Ranickis Beredsamkeit lebt ganz aus dem Zentrum des wichtigsten Überzeugungsmittels, das der moderne Kritiker mit dem Redner seit der Antike teilt: aus dem Ethos seiner Person. Und damit ist deren ganzes Gepräge, Sitten und Gebräuche, Charakter und Moral, gemeint, jene persönliche Bürgschaft also, ohne deren Glaubwürdigkeit kein Argument und auch kein Beweismittel irgendeine Wirkung hätte. Kierkegaard, der Kenner der Materie, hat dieser rhetorischen Maxime eine eigene Dimension abgewonnen, die zuletzt auch Reich-Ranickis Wirkung aus ihrem Kern zu erklären vermag: »Dem Existierenden ist das Existieren das höchste Interesse, und die Interessiertheit am Existieren die Wirklichkeit.«

Wenn das Wort von der literarischen Existenz, vom Leben in der Literatur und aus ihr, einer Beglaubigung bedarf, dann liefert sie Reich-Ranicki mit jedem seiner Auftritte. Dass sie auch inszeniert sind, bis in die Körpersprache hinein, beeinträchtigt ihre Überzeugungskraft nicht, weil kein Ausruf, keine Geste, kein Verzweiflungs- oder Zornausbruch aufgesetzt, sondern der artistische Ausdruck existenzieller Beteiligung ist. Reich-Ranickis Rede ist eben deshalb so bilderreich, seine Sprache so emotionsgeladen, sein Urteilen so schroff und sarkastisch oder liebevoll und bewundernd. Denn beweisen kann kein Kritiker, ob ein Buch gut, ein anderes schlecht, ein drittes gleichgültig ist, dafür wären allgemein akzeptierte Regeln nötig. Daher ist seine Rhetorik auch nicht kunstrichterlich, wie manche böswillig meinen, sondern plädierend, werbend, mit dem Gewicht der Lebens- und umfassenden Lektüre-Erfahrung dahinter.

Wir haben es natürlich schon immer gewusst, doch seit seiner Autobiographie haben wir auch ein offenbares Zeugnis dafür: Die Grenze zwischen Literatur und Leben hat dieser Kritiker für sich selbst und in seinem Umgang mit Büchern aufgehoben. Daher werden sie auch so ernst genommen, daher fallen die Verdikte so leidenschaftlich aus, und das Gespräch im Quartett verwandelte sich deshalb so oft zum Wettkampf im Streite. Auch er ist ein rhetorisches Erbteil, der Redekampf gehörte für die Griechen zum Kern ihrer Kultur, Dichter- und Tragödienwettkämpfe wurden wie sportliche Ereignisse organisiert. Ihr Leitmotiv, immer Bester zu sein und überlegen den anderen, hat die griechische Kulturentwicklung zu jenen erstaunlichen Höhen geführt; inwiefern es in einer Massenkultur noch wirksam sein kann, bleibt fraglich.

Manchmal wirkt daher Reich-Ranickis Redekampf für die Kunst, für das existenzielle Interesse an ihr und gegen die Trivialität, gegen die privatistische Enge der zeitgenössischen Literatur wie Don Quichottes Attacken aus ritterlichem Geist gegen die Spottgeburten einer neuen Welt. Doch wie der spanische Junker alle Sympathien der Leser auf sich vereinte, gerade weil er der Dummheit und Bosheit zum Opfer fiel, so ist es auch seinem kritischen Nachfahren gelungen, seinem Publikum wieder eine Ahnung von dem höheren Leben der Literatur zu vermitteln, so unzeitgemäß diese Überzeugung scheinen mag.

Uwe Wittstock

Die Demokratisierung der Literaturkritik

»Sie kenn ich ausm Fernsehn«, sagt der Taxifahrer, nachdem sich Marcel Reich-Ranicki auf den Rücksitz des Wagens fallen gelassen hat. Dann hält er einen Moment inne, studiert das Gesicht seines Fahrgasts und lässt Sendungen und Shows am inneren Auge vorüberziehen. Schließlich hat er es, sein Blick hellt sich auf. »Ja«, meint er und nickt dazu, »Sie sind der Kritiker.« Dreht sich um, fährt zur gewünschten Adresse und sagt kein weiteres Wort mehr.

Nicht: ein Kritiker. Auch nicht: dieser Kritiker. Sondern: *der* Kritiker. Wenn die Kritik – eine in Deutschland traditionell eher ungeliebte, mitunter verhasste Institution – bei uns heute ein Gesicht hat, ein populäres Gesicht, dann ist dies das Verdienst von Reich-Ranicki. Ihm ist gelungen, was hierzulande zuvor undenkbar schien. Er hat die öffentliche Debatte über Literatur konsequent demokratisiert. Er hat die Literaturkritik aus den Zirkeln, die sich selbst gern intellektuell nennen, nicht selten aber ein wenig weltfern und selbstbezogen sind, herausgelöst und sie zu den gewöhnlichen Lesern gebracht.

Und das nicht erst, seit er mit dem *Literarischen Quartett* –
das am Freitag zum letzten Mal ausgestrahlt wird – zu einem
Fernsehpopstar geworden ist. Auch schon in den Jahrzehnten davor, als er Kritiker der *Zeit* und dann Literaturblattchef
der *Frankfurter Allgemeinen* war, hat er seine Meinung niemals – wie es in der deutschen Literaturkritik lange verbreitet war – dunkel raunend oder akademisch verrätselt formuliert, sondern immer so klar, so effektsicher und mit so viel
polemischem Biss, dass er sich mehr Feinde machte als jeder
andere seiner Berufskollegen.

Aber auch mehr Freunde. Die Bitte von Bundespräsident Johannes Rau, die Abschiedssendung des *Literarischen Quartetts* ins Schloss Bellevue zu verlegen, ist einerseits natürlich
eine politische Geste: 1938 wurde der Jude Reich-Ranicki
von den Nazis aus Berlin nach Polen ausgewiesen, ab 1940
lebte er im Warschauer Ghetto, seine Eltern und die seiner
Frau Teofila wurden ermordet, nur dem jungen Paar gelan-
gen Flucht und Überleben im Untergrund. Wenn dieser
Mann heute eingeladen wird, die letzte Folge seiner erfolg-
reichsten Fernsehsendung im offiziellen Berliner Amtssitz
des Bundespräsidenten zu inszenieren, so kann man das nur
als Verbeugung des höchsten Repräsentanten Deutschlands
vor der nicht allein literaturkritischen Lebensleistung Reich-
Ranickis verstehen.

Andererseits geht es Johannes Rau wie jedem öffentlichkeits-
bewussten Politiker zweifellos auch um etwas, das PR-Fach-
leute »positiven Imagetransfer« nennen: Er will sich und sei-

nen Amtssitz für einen Abend lang an dem kulturellen Ansehen teilhaben lassen, das Reich-Ranicki genießt, will einen Zipfel des Ruhms und des Rummels rund um den Kritiker erhaschen. Wann hat es das je gegeben: Ein Spitzenpolitiker und ein Literaturkritiker stehen sich auf öffentlicher Bühne nicht nur in Augenhöhe gegenüber, sondern der Verdacht legt sich nahe, der Kritiker könnte der Prominentere von beiden sein.

Zur Ironie der Geschichte Reich-Ranickis gehört, dass er, der große Demokratisierer des Gespräches über Literatur, im Literaturbetrieb zu einem Mächtigen ohnegleichen aufgestiegen ist. Ihn einen Diktator, einen Tyrannen, einen Alleinherrscher zu nennen, wäre entschieden übertrieben. Aber dass er keine Scheu hat, seine Macht einzusetzen und zu nutzen, steht außer Frage. Sigrid Löffler, die nach heftigen Angriffen Reich-Ranickis das *Literarische Quartett* verließ, hat diese Bereitschaft zu spüren bekommen. Sie ist die Einzige nicht.

»Ein Kerl muss eine Meinung haben«, so lautet ein Leitsatz von Alfred Döblin. Auch wenn Reich-Ranicki Döblin nicht zu seinen literarischen Hausgöttern zählt, diesem Motto konnte er sich immer anschließen. Er hat Urteile nie gescheut und nie verschwiegen, nach welchen Kriterien er sie fällt. Nicht alle seine Urteile waren richtig – wie sollten sie auch? Unfehlbarkeit hat Reich-Ranicki nie für sich in Anspruch genommen. Aber mit seinen Urteilen hat er Orientierungspunkte gesetzt, und er hat dafür gesorgt, dass diese

Punkte weithin sichtbar sind. Orientierungspunkte aber, das weiß jeder kluge Reisende, geben keine verbindlichen Ziele vor. Sie sind lediglich Hilfen, den eigenen Weg zu finden.

Hanjo Kesting
Funkenschläge für die Literatur
Der Kritiker Marcel Reich-Ranicki

Mein Leben – Dieses Buch, um eine allerknappste Inhaltsangabe zu versuchen, erzählt die Geschichte eines aus Deutschland vertriebenen und von Deutschen verfolgten und bedrohten jüdischen Intellektuellen, der nach dem Zweiten Weltkrieg nach Deutschland zurückgekehrt ist und hier im Lauf der Zeit eine maßgebliche und schließlich, in den beiden letzten Jahrzehnten, eine beispiellose Rolle als Literaturkritiker gespielt hat und noch immer spielt, eine beispiellose Rolle zugleich in unserem literarischen Leben. Diese Feststellung bedarf keiner Begründung, sie drängt sich einem jeden durch den bloßen Augenschein auf: durch die erstaunliche öffentliche Präsenz von Marcel Reich-Ranicki gewissermaßen in allen Medien, durch seinen enormen Einfluss auf das literarische Leben vor und hinter den Kulissen, durch die Foren, auf denen er agiert: voran die *Frankfurter Allgemeine Zeitung* und das *Literarische Quartett* des ZDF, durch die Vielzahl seiner Bücher und durch deren Auflagenzahl (nirgends mehr als bei *Mein Leben* oder auch durch die ausverkauften Säle, wo immer und in welcher Funktion auch immer er erscheint. Man kann durchaus von Ubiquität, von Allgegenwart dieses Autors und Kritikers sprechen, und diese Allgegenwart hat – trotz aller zweifellos auch vorhandenen Widerstände, Neidreflexe und Gesten der Abwehr – zu einer wirklichen und echten Popularität geführt (ich wage dieses Wort, zumal Popularität etwas anderes ist als bloße Bekanntheit), eine Popularität, die ausstrahlt weit über den literarischen Bereich hinaus.

Als Kritiker in eine solche Rolle hineinzuwachsen – denn Kritiker gehören in der Regel ja zu den unbeliebtesten Menschen –, ist nicht nur ungewöhnlich, es ist erstaunlich, verblüffend, geradezu wunderbar. Es ist noch erstaunlicher und verwunderlicher in einer Zeit, in der die Rolle von Literatur und Literaturkritik als tonangebende, maßstabsetzende Medien eher rückläufig ist. Aber wenn es so ist, dann verkörpert Marcel Reich-Ranicki – er und kein anderer – noch einmal den ganzen symbolischen Rest jener Autorität, die der Literaturkritik einmal zugekommen ist und die sie in seiner Person noch einmal wiedergewonnen hat. Er selber, wenn ich es richtig in Erinnerung habe, hat den Suhrkamp-Verleger Siegfried Unseld einmal als den bedeutendsten Verleger der deutschen Verlagsgeschichte bezeichnet. Ich möchte das Wort abwandeln und Marcel Reich-Ranicki den vielleicht nicht bedeutendsten Kritiker der deutschen Literaturgeschichte nennen – er selber nämlich würde einwenden, das sei noch immer der in Hannover geborene Friedrich Schlegel –, aber einen Kritiker von vergleichbarem Einfluss, von ähnlicher öffentlicher Wirksamkeit wie Marcel Reich-Ranicki hat es in Deutschland noch nicht gegeben.

Das Leben dieses Kritikers ist also auch eine beispiellose Erfolgsgeschichte, vor allem wenn man sie betrachtet vor dem Hintergrund der Lebensgeschichte, die Marcel Reich-Ranicki im ersten Teil seines Buches erzählt. Eine Geschichte voller Düsternis und Schrecken, voller Trauer und Trauma, und zwar derart, dass sie zeitlebens nicht abgetan oder überwunden werden können, auch nicht durch den größten Erfolg. Aber es ist nicht die Aufgabe des Vorredners, die psychologischen Voraussetzungen, gleichsam die schmerzhafte Innenseite dieser Erfolgsgeschichte anzuleuchten. Aber man wird vielleicht sagen dürfen, dass der Verfasser des Buches *Mein Leben* dem inneren Druck von Trauer und Trauma etwas entgegenzusetzen vermocht hat: seine Vitalität, sein Temperament, seine intellektuelle Energie und, wie mir scheint, einen fast unbesiegbaren Willen, Kampfeswillen geradezu. Einen Willen, der äußeren Druck und widrige Umstände als mobilisierende Herausforderung begreift. Und natürlich, als wichtigstes Lebensmittel, die Liebe zur Literatur, besonders zur deutschen Literatur, fast im Sinne einer Heimatliebe, auch wenn es, um Heinrich Heine zu zitieren, ein »portatives Vaterland« ist – eines immerhin, das man nicht verlieren und das einem auch nicht genommen werden kann.

Solcher »Literaturpatriotismus« findet in dem Autor des heutigen Abends, in Marcel Reich-Ranicki, eine eindrucksvolle, ja bezwingende Verkörperung, und es versteht sich von selbst, dass diese Form von Patriotismus gleichermaßen frei ist von Pathos wie von Engstirnigkeit. Marcel Reich-Ranicki repräsentiert noch einmal, vielleicht zum letzten Mal, jene deutsch-jüdische Kultursymbiose, die bei Lessing und Moses Mendelssohn entstand, anderthalb Jahrhunderte durch Höhen und Tiefen führte und die, wie wir wissen, am 30. Januar 1933 gescheitert ist. Aber selbst ihre Trümmer sind noch die Reichtümer, von denen wir heute zehren und ohne deren Aneignung kein Begreifen deutscher Geschichte möglich ist.

Als Kritiker, Schriftsteller und öffentlicher Redner ist Marcel Reich-Ranicki bis heute nicht müde geworden, die durch nichts ersetzbare Bedeutung der Literatur für unsere persönliche und geschichtliche Existenz, für unser geistiges Weiterleben und für die Bildung von Traditionszusammenhängen fassbar und einleuchtend zu machen. Er ist dabei auch nicht müde geworden, Anstoß zu erregen und zu polarisieren. Das mag manchem zwar nicht gefallen, aber es gehört zum Wesen von Kritik, die ja nicht gemütliches Versöhnungsgeschäft im Sinne bloßer Kunstbetrachtung ist. Sie verlangt vielmehr begriffliche Schärfe, argumentative Klarheit und womöglich sicheres Urteilen. Daran lässt Marcel Reich-Ranicki es niemals fehlen, das gibt ihm seine Stärke und Überzeugungskraft, sogar da, möchte ich sagen, wo er sich vielleicht auch einmal irrt. Das hat ihn in Schriftsteller- und Kollegenkreisen nicht gerade beliebt, oft sogar verhasst gemacht – aber doch, in aller Verhasstheit, zu einem dauerhaften und unentbehrlichen Gesprächsgegenstand.

Ein Kritiker, wenn er sein Geschäft richtig versteht, schreibt eben nicht für Schriftsteller und Kollegen, sondern zuerst und vor allem für das Publikum, für die Öffentlichkeit. Da aber hat Marcel Reich-Ranicki mehr bewegt, angeregt, kontrovers angestoßen und positiv entzündet als jeder andere – mit den zahllosen Funken, durch die seine eigene Leidenschaft für die Literatur übersprang auf seine Leser. Der große Polarisator ist eben auch ein großer und noch größerer Vermittler, der zerrissene Fäden immer wieder anknüpft und die Kritik als stimulierendes Mittel benutzt, das öffentliche Literaturgespräch, ganz im aufklärerischen Verständnis, in Gang zu halten. Die Tugend eines Kritikers ist immer eine streitende, und wenn Reich-Ranicki streitet, dann geschieht es mit einer Beredsamkeit, die jeden Zuhörer in den Bann schlägt und die, in verborgenerer Weise, auch die schriftlich fixierten Äußerungen, die Kritiken und die Aufsätze, beflügelt. Die Streitbarkeit des Kritikers verrät zwar das Verlangen, Recht zu haben, aber sie verrät noch stärker den Wunsch nach Austausch, Debatte und kritischer Klärung. Das Dialogische, Stimme und Gegenstimme, gehört immer dazu, wie es sich für einen Aufklärer gehört. Hätte es sonst ein *Literarisches Quartett* als Quartett gegeben? Diesen – bei allen genügsam bekannten Einwänden – letztlich doch großartigen Versuch, einen schwierigen Gegenstand wie die moderne Literatur einem großen Laienpublikum zu vermitteln.

Dass es diesen Versuch gab, ist Marcel Reich-Ranicki zu verdanken. Er war der Erfinder des *Quartetts*, sein Motor und
von der ersten bis zur vorletzten Sendung sein Energiezen-
trum. Aber wir haben ihm auch den Klagenfurter Bach-
mann-Wettbewerb zu verdanken, den ich hier nur als *pars
pro toto* nenne, und die einzigartige *Frankfurter Anthologie*,
diese große Sammlung deutscher Gedichte, die jetzt fast
fünfundzwanzig Jahre besteht und weiter wächst und über
tausendzweihundert Gedichte mit ebenso klugen wie behut-
samen Kommentierungen enthält. Und wir verdanken ihm
schließlich, neben vielen anderen Büchern aus eigener Feder,
das Erinnerungsbuch *Mein Leben*, das so überwältigend erfolgreich war, obwohl – oder weil – es ein schwieriges, viel-
fältig bedrohtes Leben beschreibt, und das als melancho-
lisches Fazit nicht verbirgt, in allem Erfolg ein Außenseiter
geblieben zu sein.

Das Alterswerk
als künstlerische Vollendung?

Ein Gespräch mit Eva Demski
und Joachim Kaiser

E. Demski Man kann sich ja eigentlich nicht vorstellen, dass es im Leben eines Autors und schon gar nicht einer Autorin den Tag gibt, an dem er oder sie sagt: Und nun beginnt mein Alterswerk. Wer eigentlich beschließt, ab wann die Hervorbringungen eines Autors oder einer Autorin Alterswerk genannt werden können?

J. Kaiser Sicherlich, liebe Frau Eva Demski, sicherlich, lieber Marcel Reich-Ranicki: nicht unbedingt die Autoren selber. Aber dass es verschiedene Phasen im Menschenleben gibt, in denen man *charakteristisch* fruchtbar ist, dass man bestimmte Dinge wiederholt, bestimmte Dinge sich ändern, dass man plötzlich ein Spätwerk zu schreiben scheint, zumindest für die andern, das festzustellen werden doch die urteilenden und auch die freundlichen Leser und Zuhörer sich erlauben dürfen.

E. Demski Also die Nachwelt?

J. Kaiser Die Umwelt, die Mitwelt.

E. Demski Die Umwelt.

J. Kaiser   In Ihrer Frage klang ein bisschen Kritik, finden Sie das nicht in Ordnung?

E. Demski   Nein, nein. Ich finde das nur ein Stück dessen, was wir zu besprechen haben. Ob der Schaffende selber irgendwann das Bild von sich selbst hat, jetzt bin ich alt, jetzt bin ich erfahren, jetzt bin ich eingeengt oder erweitert.

M. Reich-Ranicki   Na ja, liebe Frau Demski, unter uns ist das eine Frage, die mich überhaupt nicht interessiert, wie ein Autor oder eine Autorin die einzelnen Lebensphasen beurteilt, ob eine Frau, im individuellen Fall, sagt, mit 40 ist das Leben vorbei, die andere sagt bei 60, das Leben ist eigentlich vorbei. Das ist nicht unser Problem heute. Die Frage lautet doch: Alterswerk als künstlerische Vollendung? Das ist eine These. Die These ist glücklicherweise mit einem Fragezeichen versehen. Der die These aufgestellt hat, ist ihrer Richtigkeit nicht so sicher. Ich glaube, wir müssen unterscheiden zwischen Spätwerk und Alterswerk. Spätwerk ist ganz einfach, glaube ich, immer das Werk, das relativ spät von einem Autor geschaffen wurde, auch wenn dieser Autor mit 40 oder 50 gestorben ist. Aber wenn er mit 40 gestorben ist, hat er kein Alterswerk. Spätwerke kann er haben, bei Alterswerken gibt es eine Grenze. Ich bin für eine klare Definition. Für mich beginnt das Alterswerk im Alter von 70 Jahren, nur dann ist es Alterswerk. Es gibt kein Alterswerk von Shakespeare oder Schiller oder Kleist oder Büchner ... oder Schubert oder Mozart, die sind alle viel früher gestorben. Die Grenze ist für mich 70.

E. Demski   Was meinen Sie da?

J. Kaiser   Das ist natürlich eine ziemlich willkürlich gesetzte Grenze. Ich glaube, dass im 17., 18. Jahrhundert jemand, der 60 Jahre alt war, oder eine Frau, die 55 alt war, zu ihrem Alter ein anderes, wahrscheinlich sogar ein etwas passiveres und bejahenderes Verhältnis hatte, als das heute der Fall ist. Aber ich finde, wir machen einen Fehler, wenn wir damit anfangen würden, womit man enden soll, nämlich mit dem Definieren. Der Schubert hat sicherlich eine Art Spätwerk, obwohl er mit 31 Jahren starb. Der Schiller starb nach seinem 46. Lebensjahr, Shakespeare hörte nach 46 Jahren auf. Den Begriff des Alterswerkes, den muss man aus den Sachen selbst herausholen. Denn dass sich etwas verändert, scheint mir ziemlich deutlich. Lieber Marcel Reich-Ranicki, ich erinnere mich, ich will es gleich erläutern: Als ich Sie kennen lernte, fragte ich Sie, ob Sie mich nach Bayreuth begleiten wollten, das muss so 1957 gewesen sein, und zu meiner Freude stimmten Sie zu. Das Erste, das wir sahen, war der *Parsifal*. Und ich erinnere mich sehr, wie bitter enttäuscht Sie waren, wie kraft- und saftlos Sie das Ganze fanden, Sie, der Sie ein ausgesprochener Bewunderer des *Tristan* gewesen sind und immer noch sind und der *Meistersinger*, da muss Sie doch irgendetwas, was man bei einem *Parsifal* als Altersstilhaftes bezeichnet, gestört haben? Dies ist die eine Frage, und die andere, um es Ihnen leichter zu machen: Sie selber sind jedoch ein fabelhaftes Beispiel dafür, wie produktiv ein Mensch im Alter sein kann. Sie haben ja Ihr erfolgreichstes und bedeutendstes Werk, Ihre Biographie *Mein Leben*, doch in einem Alter geschrieben, wo selbst Sie den Begriff Alterswerk, glaube ich, für legitim halten.

M. Reich-Ranicki   Na ja, also zunächst ganz richtig: *Parsifal* ist ein Alterswerk. Nur Wagner war längst über 70, als er den *Parsifal* geschrieben hat.

J. Kaiser   Nein, der starb mit 69, also der war unter 70.

M. Reich-Ranicki   Er wurde 69, gut. Also das ist ein Spät- und Alterswerk, und es hat alle Kennzeichen eines Spätwerks, glaube ich. Dass das herrliche Musik ist, darüber brauchen wir nicht zu diskutieren, aber es genügt, die Blumenmädchenszene des Parsifal mit dem Bacchanal in der Pariser Fassung vom *Tannhäuser* zu vergleichen, um den Unterschied beim Zugang des Komponisten zur Problematik zu merken, ein Unterschied, der, wie mir scheint, zugunsten des *Tannhäuser* ausfällt. Also, das ist das eine. Ich glaube, hier gibt es eine große Gefahr bei unserem Thema, über das wir diskutieren, nämlich die Verklärung des Alterswerks. Ich möchte eine ganz radikale These mir erlauben: Das Alterwerk ist immer schlechter als das frühere Werk des großen Komponisten oder des großen Dichters, immer. Ich kenne keinen anderen Fall. Wir brauchen doch nicht darüber zu diskutieren, ob *Falstaff* gute Musik von Verdi ist oder nicht, wunderbar. Aber *Othello* und …

J. Kaiser   Würden Sie das auch bei Fontane sagen?

M. Reich-Ranicki   Ja, und zwar aus folgendem Grund: Zunächst einmal …

J. Kaiser   Denn an sich gilt ja der *Stechlin* für besser und reifer und durchschaubarer als, sagen wir mal, *Vor dem Sturm*. Aber jetzt sind Sie dran.

M. Reich-Ranicki   Nein, nein. Bei allen diesen Diskussionen kommt immer der Name Fontane, und ich höre das schon deshalb ungern, weil ich im Leben mindestens 800 Briefe bekommen habe: Ich schicke Ihnen beiliegend das Manuskript meines ersten Romans, ich bin 74 Jahre alt, aber auch Fontane hat im vorgerückten Alter Romane zu schreiben begonnen, vielleicht bin ich wieder ein Fontane. Also zunächst einmal stimmt das überhaupt nicht, was die Leser, die Autoren immer wieder behaupten. Fontane hat mit 25 erzählende Prosa zu schreiben begonnen. Es waren nicht Romane, aber es waren historische Monographien, es waren Reiseschilderungen, es waren die *Wanderungen durch die Mark Brandenburg* und dergleichen. Richtig: Die eigentlichen Romane kommen um 60. Jetzt handelt es sich um ein sehr spätes Werk. Nun ist die Frage: Lässt es ganz am Ende nach oder nicht? Ja, es lässt nach. Ich glaube nämlich, aber da darf man natürlich anderer Ansicht sein, dass der Höhepunkt des Romans von Fontane bei *Frau Jenny Treibel* und *Effi Briest* liegt. Danach kommt ganz spät als Letztes *Stechlin*. Ein wunderbares Buch, das ich jederzeit verteidige und rühmen werde. Aber die Umsetzung dessen, was er sieht, was Fontane erlebt hat, was er zeigen möchte, ins Erzählerische, ist in *Frau Jenny Treibel* und *Effi Briest* wunderbar geglückt. *Stechlin* ist schon zum großen Teil, wie er selber sagte, ein Roman beinah ohne Handlung und mit sehr viel

Konversation – zugegeben, Konversation auf wunderbarem Niveau. Ich weiß es, ich schätze das Buch, aber es ist schon das Buch eines alten Mannes, der nicht mehr diese erzählerische Kraft wie bei *Frau Jenny Treibel* und bei *Effi Briest* hatte. Und noch ein Wort, ich bin schon fertig: Er hatte schon bei *Effi Briest* die größten Schwierigkeiten, den Roman zu Ende zu schreiben, und wir wissen, er ist mittendrin stecken geblieben, und ein kluger Arzt hat ihm geraten, legen Sie es weg, schreiben Sie mal was ganz anderes, was Ihnen leicht fällt, was Autobiographisches. Und er hat »Effi« für längere Zeit weggelegt, hat dieses kleine Büchlein »Von Zwanzig bis Dreißig« geschrieben, ist zurückgekehrt und hat einen der besten Romane der ganzen deutschen Literatur zu Ende geführt.

E. Demski   Warum haben Sie Kaisers Frage nach Ihrem eigenen Buch nicht beantwortet?

M. Reich-Ranicki   Das ist bekannt für meine Person, meine Bescheidenheit.

E. Demski   Bescheidenheit, das ist schon klar, aber bitte, sehen Sie von ihr doch für kurze Zeit einmal ab.

M. Reich-Ranicki   Ja, aber Verzeihung: Wie lautete die Frage? Dass das der Höhepunkt meines ganzen …

J. Kaiser   Nein. Wenn ich die Frage wiederhole, wird sie gleich zu einer gewissen Kritik an Ihrer These. Sie haben eigentlich gesagt, ältere Leute machen Schwächeres, wenn sie sehr begabt sind, als wenn sie in der Mitte ihres Lebens stehen. Und die Verklärung des Alterswerkes, da haben Sie Recht, wird meiner Ansicht nach als These durch diese Vorstellung getragen, dass jemand fortwährend wächst und immer reifer und besser wird, als ob nicht das Spätwerk statt einer Summe auch ein Zeichen einer gewissen Erstarrung sein könnte. Aber jetzt möchte ich mal bei Ihren Argumenten über den Theodor Fontane, über den *Stechlin* bleiben. Sie haben befunden: nicht mehr ganz so viel Handlung, also sozusagen nicht mehr ganz so viel von der künstlerischen Einbildungskraft Gestaltetes, Umgesetztes und ein wunderbarer, beneidenswert schöner Dialog, also hätten doch, das hat ja Thomas Mann mal gesagt, jemals die preußischen Leutnants so elegant reden können, wie sie es bei Fontane immer können. Das heißt, Sie sagen also, es gehöre zum Spätwerk, dass es vielleicht etwas abstrakter wird. Nun, da hätte ich einige Gegenbeispiele. Ich würde zum Beispiel sagen, die späten Sachen von Johannes Brahms sind eher noch besser und tiefgründiger und schöner als die frühen, weil sozusagen das Eigentümliche von ihm, diese Art von Melancholie …

M. Reich-Ranicki   Was hat er denn ganz spät geschrieben?

J. Kaiser   Zum Beispiel *Vier ernste Gesänge*, zum Beispiel die *vierte Sinfonie*, zum Beispiel großartige Klavierstücke. Die sind sicherlich noch besser, also wenn man da überhaupt nachdenkt, sie sind zumindest nicht schlechter. Oder ich habe mal mich gefragt, warum …

M. Reich-Ranicki   Noch eine Frage: Wie alt wurde Brahms?

J. Kaiser   Der Brahms wurde geboren 1833, starb 97, das heißt, er wurde Mitte 60. Aber ich glaube …

M. Reich-Ranicki   Wenn er noch fünf Jahre gelebt hätte …

J. Kaiser   Aber, Herr Ranicki, das, was Sie zum Beispiel dem Fontane mit einem gewissen Recht nicht vorgeworfen, nicht vorgehalten haben, das könnten Sie auch bei Shakespeare sagen, wenn Sie …

M. Reich-Ranicki   Nein, der ist zu jung gestorben.

J. Kaiser   Nein, ich sage ja, der Begriff des Alters ist doch keine Sache, die man nur an den Jahren festmachen kann.

M. Reich-Ranicki   Gut, aber es stimmt deshalb nicht, weil er Mitte 50 war, als er starb. Nur, er hat in den letzten, glaube ich, sechs Jahren seines Lebens nicht mehr geschrieben.

J. Kaiser   Sein letztes Stück heißt *Der Sturm* und die beiden Stücke davor, nannte man, glaub ich, Romanzen, die sind ein bisschen anders, für die trifft ja das zu. Im *Sturm* gibt es ja sehr viel weniger Handlung …

M. Reich-Ranicki   Also nehmen wir doch bitte ein Beispiel aus dem 20. Jahrhundert. Hier wurde mehrfach der Name Thomas Mann genannt. Thomas Mann wurde beinah 80. Seine ganz späten Werke: die Romane *Der Erwählte*, *Felix Krull* und die Novelle *Die Betrogene*. Alle drei Werke schätze ich sehr. Gar keine Frage. Aber machen wir uns doch nichts vor, wie originell und interessant *Der Erwählte* auch ist, wir werden doch nicht den *Erwählten* mit den *Buddenbrooks* und dem *Zauberberg* auf eine Stufe stellen. Wie gut *Die Betrogene* auch ist, sie gefällt nicht allen, es gibt da viele Bedenken, ich halte viel von der Novelle. Aber mit dem *Tod in Venedig* oder mit der Novelle *Tristan* werden wir sie doch nicht vergleichen, es war auch Thomas Mann im Alter schwächer.

Jetzt muss ich aber auf die Frage, die hier gestellt wurde, nach meinem eigenen Buch, antworten. Ich sollte, wurde ich gebeten, meine Bescheidenheit überwinden.

J. Kaiser   Das stimmt. Mit Mühe …

M. Reich-Ranicki   Ja, aber mein Buch ist als Beispiel für unsere Diskussion, will mir scheinen, nicht geeignet. Aus folgendem Grund: Hätte ich ein autobiographisches Buch dieser Art im Alter von 59 geschrieben und dann im Alter von 79, dann könnte man vergleichen. Aber es war das erste, wenn man so sagen darf, erzählende Buch in meinem Leben, in einem Alter von 79 geschrieben. Man kann es doch nicht vergleichen mit meinen literarkritischen Büchern, man kann gar nicht sagen, das ist besser oder schlechter, man kann höchstens sagen, für die Nation ist es wichtiger oder unwichtiger, aber besser kann man ja nicht sagen. Es ist in meiner Biographie …

J. Kaiser   Ich nehme an, es hat einen größeren, was ja nicht negativ ist, Verkaufserfolg gehabt, ein größeres Leserinteresse als wahrscheinlich Ihre gesammelten Rezensionen.

M. Reich-Ranicki   Ja, ja.

J. Kaiser   Das schadet doch nicht, das kann man doch feststellen.

M. Reich-Ranicki   Natürlich war das Leserinteresse größer, es war über eine Million …

E. Demski   Aber es muss doch etwas anderes …

J. Kaiser   Oder auch sogar ein Zeichen, dass offensichtlich der Antisemitismus im lesenden deutschen Bürgertum nicht allzu groß sein kann, wenn die Leute so was mögen.

E. Demski   Ich will was ganz anderes wissen, weil Sie, Herr Reich-Ranicki, eigentlich vehement, und da rennen Sie bei mir offene Türen ein, der Glorifizierung des Alters widersprechen. Die Verklärung des Alters ist eine sinnlose Sache, die kann man sich eigentlich nur leisten, wenn man sehr jung ist. Kann es nicht sein, dass das Beispiel Ihres Buchs so schlecht gar nicht ist? Weil auf Wegen, die wir nicht kennen, nicht *genau* kennen, Sie an einem Punkt angekommen waren, wo Sie sich exakt das zugetraut haben. Die Einfachheit, die Klarheit, die Stringenz, dieses exzeptionellen Lebens zu erzählen. Das heißt, gibt es etwas, was im Alter die Verluste, die ganz eindeutig eintretenden Verluste, ersetzt? Nämlich dieses Stück, was man von sich, von seiner eigenen Eitelkeit, von seiner eigenen Weltverrücktheit abgekommen ist und dafür an Klarheit und Gültigkeit gewinnt.

M. Reich-Ranicki   Das ist sehr überzeugend. Nur, ich darf mir erlauben, hier ein Gegenbeispiel anzuführen. Das, was Sie eben gesagt haben, eine gewisse Klarheit, Distanz, Souveränität des Alters, stimmt ganz genau, und auch das, was Kollege Kaiser gesagt hat, dass das Alter im 18. Jahrhundert, im 19. was anderes war als heute – alles richtig. Ich nehme zwei Werke als Vergleich. Von einem Autor ganz populärer Sachen, von dem Autor Schiller das Debüt *Die Räuber* und auf der anderen Seite das, was er als Spätwerk publiziert hat, *Die Braut von Messina* und *Wilhelm Tell*: Alles, was Sie sagten, ist in der *Braut von Messina* und im *Wilhelm Tell*. Große Distanz, Souveränität, alles wunderbar. Dieses Stück, *Die Räuber*, bisschen verrückt, das Debüt eines Jünglings, chaotisch, ach, lauter Fehler hat dieses Stück. Es ist das Schönste, das Schiller geschrieben hat. Ich will lieber das jugendliche Temperament der *Räuber* als die klassizistische Glätte der *Braut von Messina*.

J. Kaiser   Gut, ich hab eben gerade eine recht gute bis fabelhafte *Maria Stuart*-Aufführung gesehen und hatte das Gefühl, das Stück kann sich auch mit den *Räubern* messen. Aber jetzt müssen wir allmählich, nachdem ich eben noch gesagt habe, wir wollen nicht definieren.

M. Reich-Ranicki   *Maria Stuart* ist vor der *Braut von Messina* entstanden.

J. Kaiser   Sicherlich, auf jeden Fall *nach* den *Räubern*, und sie ist schon aus der Weimarer Zeit. Ich glaube, die Frage ist, ob eine gewisse Typologie der Genres mit dem Alter zu tun hat. Also, das ist nicht meine Weisheit, ob nicht sozusagen der Dramatiker als Typus ein junger Mann ist. Man fängt nicht an, mit 70 Jahren Dramen zu schreiben, vielleicht beginnt so spät der Lyriker, da will ich mich nicht festlegen, und möglicherweise der Epiker, der verhältnismäßig Älteste von den dreien, das könnte doch sein.

M. Reich-Ranicki   Ja.

J. Kaiser   So dass es also nahe läge, bei Schiller oder auch bei Büchner zu sagen, Donnerwetter, was die am Anfang für einen Prankenhieb ins Leben getan haben, und ob sie's dann später überholt haben oder nicht, darüber können wir lange reden. Aber ich möchte Ihnen jetzt doch zwei Gegenbeispiele für ein sozusagen produktives Alter geben ... Ich verstehe zu wenig von Malerei, ich muss mich auf andere verlassen, der Tizian hat ja wohl mit 75 gesagt, jetzt fang ich überhaupt erst an zu malen, alles bisher war nichts wert, aber jetzt kommen die eigentlichen Sachen. Und dann einer, den wir drei aus ganz verschiedenen Gründen mögen. Ich habe bemerkt, Alter ist in dem Augenblick eine positive Bereicherung, wo man nicht erstarrt, wo man nicht abgenutzt ist, wo man immer freier und reicher wird, und damit rede ich von dem Arthur Rubinstein. Der hat nun wirklich mit 78 Jahren schöner und voller und besser Klavier gespielt als mit 58 oder 38. Und so was kann man alles nicht beweisen, genauso wenig wie man beweisen kann, dass *Die Räuber* besser sind als die *Maria Stuart*, aber da hatte ich doch das Gefühl: Sieh mal an, es können sich Erfahrungen in einem Künstlertyp sammeln, ohne dass sie sich zur Erstarrung sedimentieren. Die meisten haben nicht das Glück, aber manche haben's. Verstehen Sie, was ich sagen will?

M. Reich-Ranicki   Sie unterstellen mir unentwegt den Vergleich *Räuber/Maria Stuart*, wo ich *Die Räuber* mit dem Spätwerk, dem wirklichen Spätwerk von Schiller verglichen hab …

J. Kaiser   Der Mann wurde ja 46, von wegen Spätwerk.

M. Reich-Ranicki   Ja, ja, aber *Die Braut von Messina* und *Wilhelm Tell* sind ganz andere Werke als *Die Räuber*. Gut, aber lassen wir …

J. Kaiser   *Maria Stuart* auch. *Wilhelm Tell* hat übrigens tolle Szenen.

M. Reich-Ranicki   Natürlich hat's tolle Szenen, aber, aber ich habe Gründe, *Die Räuber*, trotz aller Mängel und Schwächen, ganz besonders zu lieben. Das ist das eine. Jetzt das andere. Malerei, da möchte ich mich nicht äußern, ich verstehe zu wenig von Malerei. Ich möchte lieber, dass wir im Bereich der Literatur und Musik bleiben. Arthur Rubinstein, Lieber, ich habe fast den Verdacht, dass das ein Selbsttor war. Rubinstein, von dem, was Sie ihm zu Ehren gesagt haben, stimmt jedes Wort. Aber Sie wissen doch selber, wie unzählige Pianisten mit Alfred Cortot an der Spitze im Alter danebengehauen haben, wie sie nachgelassen haben, wie auch Geiger in einem Alter, bei dem man sagt: fabelhaft, immer noch gut, obwohl 75. Jetzt hat die große Ida Händel in München gespielt, und ich habe in der *Süddeutschen Zeitung* sehr viele Nörgeleien gelesen. Ach, alles Dinge, wo ich mir gedacht habe, da mag der Kritiker Recht haben, das hätte man ihr vor 10, 20 Jahren wohl nicht vorwerfen können.

E. Demski   Ist mir eine kleine Intervention gestattet über das Danebenhauen? Kann es sein, dass wir gelegentlich doch Nutznießer eines seelenvollen Danebenhauens sind? Das heißt, dass es interpretatorischen Reichtum und Reife gibt, wo ein danebengehauener Ton oder ein danebengegangenes Wort oder ein falsch gesetzter Pinselstrich eigentlich mehr als aufgewogen wird von der Schönheit des Gesammelten. Ich weiß ja, dass Sie *Die Räuber* viel lieber mögen, und ich weiß auch warum: Weil Sie das Jungsein viel lieber mögen. Das ist ja überhaupt kein Kunststück.

J. Kaiser   Weil er als Erstes *Die Räuber* gelesen hat. Damit hat doch Ihre Begegnung mit der Literatur, zumal der deutschen, begonnen: das waren *Die Räuber* ...

M. Reich-Ranicki   Aber *Wilhelm Tell* war das erste Stück, das ich auf der Bühne gesehen habe.

E. Demski   Ihr geht um einen Begriff unglaublich schlau und konsequent herum.

J. Kaiser   Sie haben die Chance, uns jetzt zu verbessern.

E. Demski   Nein, ich verbessere nicht. Ich will ihn einfach hier hinlegen auf diesen Plätzchenteller. Dieser Begriff relativiert dann natürlich auch Alterswerk und Spätwerk, was ja deutlich getrennt worden ist, vor allen Dingen von Reich-Ranicki. Alterswerk und Spätwerk fallen doch in eins, und das biologische Alter ist dann nicht sehr wichtig, wenn die Begegnung mit der eigenen Endlichkeit stattgefunden hat. Bei Schiller hatte die ja stattgefunden, egal, wie jung an Jahren er war, die Erkenntnis seines schwachen, nicht sehr widerstandsfähigen Körpers ist ihm nicht erspart geblieben. Das heißt, die Erkenntnis der eigenen Endlichkeit ist doch ein notwendiges Ingredienz des späten oder des Alterswerks. Auch die Relativierung dessen, was wichtig ist. Oder bin ich da so im Irrtum?

M. Reich-Ranicki   Was haben wir nun beide hier schlau umgangen?

E. Demski   Die Endlichkeit hat noch nicht stattgefunden.

M. Reich-Ranicki   Also, ich verstehe das nicht.

J. Kaiser   Liebe Frau Demski, ich glaube, Sie machen einen kleinen Fehler.

E. Demski   Gut möglich.

J. Kaiser   Wenn der Schubert mit 31 Jahren stirbt, hat er möglicherweise vorher schon das Gefühl gehabt, dass er fort muss, dass sich die Dinge von ihm entfernen. Es ist ganz klar, dass es bei Schubert einen Spätstil gibt, so nach *Der Winter-reise*, oder wie er anfangen will, polyphon zu komponieren, ein Stil, den es beim frühen und mittleren, wenn man das bei einem Dreißigjährigen sagen kann, nicht gab. Trotzdem würde ich es für sentimental oder sentimentalisch halten zu sagen, er wusste, dass er sterben muss. Das, glaube ich, das darf man nicht. Der Schubert, der hatte sich da ja auch alles Mögliche vorgenommen, er wollte noch Opern schreiben und, und, und. Also, man kann also sozusagen nicht sagen …

E. Demski   Wissen tut jeder. Schubert hin oder her.

J. Kaiser   Ja, aber man weiß doch nicht wann. Man hofft …

M. Reich-Ranicki   Also, Augenblick mal, darf ich eine Frage stellen? Was Sie sagen mit der Endlichkeit, ist das dasselbe wie das Gefühl für die Vergänglichkeit des Menschen?

J. Kaiser   Ja.

M. Reich-Ranicki   Eben, richtig, das hab ich mir auch gedacht. Die Erkenntnis, dass das menschliche Leben vergänglich ist, ist vollkommen unabhängig vom Alter. Zu den schönsten Versen, die über die Vergänglichkeit des menschlichen Daseins in deutscher Sprache geschrieben wurden, gehören jene, die Hugo von Hofmannsthal im Alter von 17, 18 Jahren geschrieben hat. Es ist etwas Unglaubliches, und das ist unser aller Kummer, dass er so genial als Lyriker nur in der Jugend war. Dann, später kam nichts.

J. Kaiser   Ach, *Der Schwierige* ist ein schönes Stück.

M. Reich-Ranicki   Nein, nein, Lyrik, in der Lyrik kam nichts. *Der Schwierige* ist fabelhaft. Bitte, also.

E. Demski   Sie haben ja immer gesagt, dass Lyrik zu schreiben keine Beschäftigung für einen erwachsenen Menschen sei. Daran kann ich mich erinnern.

M. Reich-Ranicki   Ja, ja. Das ist nicht meine Äußerung, sondern die Äußerung meiner Schwester, die bei mir in Warschau eingeladen war. Ich hatte einige Gäste eingeladen, unter anderen, sagte ich ihr, wird Herr Jastrun hier sein, ein großer polnischer Dichter. Und sie fragte: Was schreibt er, Gedichte, und wie alt ist er, Mitte 50. Wie, ein erwachsener Mensch, und er schreibt Gedichte? Nicht so dumm die Frage. Es ist ja im Wesentlichen Lyrik eine Beschäftigung für junge Leute. Nun wissen wir, Goethes Spätlyrik ist herrlich, und wir kennen auch andere. Brecht hat bis zum Ende großartige Lyrik …

J. Kaiser   Milton hat auch tolle Gedichte geschrieben.

M. Reich-Ranicki   Wer?

J. Kaiser   John Milton, als er blind wurde.

M. Reich-Ranicki   Aber wir können ja für die Beispiele, die wir geben, immer zwei, drei Ausnahmen nennen. Das hilft nichts.

J. Kaiser   Doch, es hilft schon. Wir sind ja jetzt dabei, ein paar Merkmale zu sammeln: Was ist ein Alterswerk, wann scheint es zu misslingen, unter welchen Umständen glückt es. Und ich habe Rubinstein, der übrigens auch gelegentlich mal falsche Töne spielte, erwähnt, weil ich damit zeigen wollte, wenn es einem Menschen gegeben ist, zu wachsen und zuzunehmen, ohne zu erstarren und routiniert zu werden …

M. Reich-Ranicki   Ja, Augenblick. Sie steigen um auf Interpreten, dann ist nur noch ein Schritt, und Sie werden sagen, Konrad Adenauer war im Alter ein doller Politiker. Das ist ein anderes Gebiet.

J. Kaiser   Nein.

E. Demski   Das wollte er auch, glaube ich, nicht sagen.

J. Kaiser   Das ist eine andere Frage. Aber auch Interpreten haben mit Kunst zu tun, und es geht uns doch um die künstlerische Vollendung, die im Alter angeblich nicht möglich sein soll. Es ist übrigens, und seien Sie nicht böse, dass ich jetzt auf meinem Steckenpferd herumreite, ein ziemlicher Unterschied, ob Geiger oder Pianisten älter werden. Schauen Sie, der Geiger benutzt den eigenen Körper mit als Instrument. Es gibt recht wenige, fast überhaupt keine Geiger, die nach dem 70. Lebensjahr also noch so schön spielten wie früher, während es bei Pianisten, doch eben den alten Cortot und den alten Rubinstein und den alten Edwin Fischer gab. Also eine ganze Menge, auch Horowitz zum Beispiel, der sagte, ich bin alt, aber meine Finger sind jung. Ich muss auch zugeben, dass der Pianist Robert Alexander Bohnke mal zu mir über Cortot gesagt hat, weißt du, seine falschen Töne sind mir lieber als meine richtigen.

E. Demski   Das war das, was ich vorhin meinte.

J. Kaiser   Aber, kommt das denn bei Autoren niemals vor? Wie ist es zum Beispiel mit Storm. Ich glaube, *Der Schimmelreiter* …

M. Reich-Ranicki   War das Letzte, was er geschrieben hat.

J. Kaiser   Na gut, da er 77 war, ist also der Begriff Alterswerk nicht allzu weit hergeholt, und viele meinen, es sei sein bestes Werk. Und wissen Sie, wann er es geschrieben hat? – Nachdem man ihn belogen hat, er sei doch nicht krebskrank.

M. Reich-Ranicki   Ja, dass man ihm das mitgeteilt hatte, war eine Lüge.

J. Kaiser   Ja, und dann schreibt er plötzlich eine glänzende Novelle. Alles kommt vor.

M. Reich-Ranicki   Er hat sie ja schon zur Hälfte geschrieben gehabt. Der Sinn der Lüge war, ihn dazu zu bringen, sie zu Ende zu schreiben.

J. Kaiser   Ich möchte noch mal auf den Thomas Mann zurück, und zwar, weil mir etwas Seltsames passiert ist. Ich habe mich auf unser Gespräch vorbereitet, indem ich noch einmal ein Buch las, das ich vorher nicht mochte, nämlich den *Erwählten*. Ich fand den *Erwählten* immer so ein bisschen maniert und auch die Art, wie er da so altdeutsche Wörter einsetzt, und die Geschichte selber … Also ich mochte das Buch überhaupt nicht. Und jetzt hat es mir *so* viel besser gefallen als beim ersten Lesen, dass ich dachte, verdammt noch mal, anscheinend bist du selber auch älter. Also ich denke: Mir ist *Der Erwählte* alles in allem lieber und künstlerisch sympathischer als die Leverkühn-Sache. Jetzt bin ich neugierig.

M. Reich-Ranicki   Also zunächst zum Vergleich des *Doktor Faustus* mit dem *Erwählten*. Ich verstehe, dass hier vieles für den *Erwählten* spricht und nicht für den *Doktor Faustus*.

J. Kaiser   Der natürlich eine ganz andere Anstrengung darstellt.

M. Reich-Ranicki   Ja. Ein wunderbarer Roman, *Der Erwählte*. Ich habe über diesen Roman gearbeitet und aus einem einzigen Grund quasi einen Essay geschrieben. Ich bin dazu von Golo Mann gebracht worden, der sagte: Das ist ein Roman, der unterschätzt wird, da geschieht dem T. M. ein Unrecht.

J. Kaiser   Was er nicht sehr oft sagte.

M. Reich-Ranicki   Nein, das sagte er nicht oft, und er hat mir auch gesagt, dass *Tonio Kröger* eine so missratene, miserable Geschichte sei.

J. Kaiser   Mir hat er allerdings gesagt, der *Doktor Faustus* sei missraten.

M. Reich-Ranicki   Na ja. Also er hat schon gern spöttisch über die Werke des Vaters geredet, hörte es aber nicht so gern, wenn andere so über diese Bücher sprachen. Er hat mir gesagt, Sie müssen mal sehen, *Der Erwählte* wird unterschätzt. Ich habe das Buch sehr aufmerksam gelesen, ich glaube, vor 12 Jahren oder 15, ich weiß nicht wie lange, es ist ein fabelhafter Roman.

J. Kaiser   Auch mit so viel Herz geschrieben.

M. Reich-Ranicki   Halt, halt. So gut er ist, ihn aber mit den

Buddenbrooks oder dem *Zauberberg* zu vergleichen, halte ich nicht für richtig.

J. Kaiser Mit den *Buddenbrooks* nicht, verehrter Meister, mit dem *Zauberberg* schon. Der *Zauberberg* ist doch von sehr viel Spekulativem und Nachdenklichem durchwachsen. Bei den *Buddenbrooks* haben Sie Recht. Sie wissen, wie sehr Martin Walser Thomas Mann hasst, und gleichwohl sagt Walser: die *Buddenbrooks*, ja, das ist ein Jahrtausendroman. Also selbst der Walser leugnet das keine Sekunde. Die *Buddenbrooks* sind wahrscheinlich unschlagbar, und ich fürchte, der Thomas Mann hat's gewusst.

M. Reich-Ranicki Nein, nein, das brauchen Sie nicht zu fürchten, es gibt Äußerungen von ihm, auch in Tagebüchern, das Beste, was er im Leben gemacht habe, seien die *Buddenbrooks*. Aber das Persönlichste sei *Tonio Kröger*, das sei sein persönlichstes Werk.

J. Kaiser Ich glaube, er hing am meisten am *Doktor Faustus*. Wie hat er sich über Kritiken aufgeregt. Da hat die Käthe Hamburger den *Doktor Faustus* sehr liebevoll besprochen. Was hat er für einen giftigen, rechthaberischen Brief geschrieben.

M. Reich-Ranicki Ich glaube, das ist ein anderes Thema: die Empfindlichkeit der Autoren angesichts der Kritiken.

E. Demski Ach, das wäre doch ganz interessant. Nimmt sie zu oder ab?

J. Kaiser Die Empfindlichkeit der Autoren nimmt … ja, da möchte ich …

E. Demski Nimmt sie zu oder ab?

J. Kaiser   Sowohl – als auch.

M. Reich-Ranicki   Ja, ja, es stimmt. In manchen Fällen nimmt sie zu, die Empfindlichkeit wird immer größer, die Autoren reagieren auf kritische Anmerkungen rabiat, aber es gibt Fälle, wo Autoren alt werden und sagen: Macht nichts, sollen sie schreiben, was die wollen.

E. Demski   Ich wüsste aber gern jetzt, entlang unserem Thema, was wir mit etwas wie dem *Felix Krull* machen, der ja einerseits ein früher Plan war und andererseits eine späte Einlösung. Was ist denn mit jenen Werken, die sich durchs Leben eines Autors ziehen? Also, ich habe jetzt gerade gelesen, dass Ludvík Vakulík nach 35 Jahren, gestern oder vorgestern, mit einem Roman fertig geworden ist, an dem er 35 Jahre gearbeitet hat. Wir haben den *Doktor Faustus* …

M. Reich-Ranicki   Aber das ist ein ganz anderes Problem, nämlich das der Entwicklung eines Autors. Und Thomas Mann ist eine völlig exzeptionelle Figur, das gibt es in der Weltliteratur ganz selten – das, was ich jetzt sagen werde, gilt nicht für Dostojewskij, für Balzac, für Tolstoi, für keinen dieser Romanciers.

J. Kaiser   Nämlich?

M. Reich-Ranicki   Denn, wenn man sich die frühen Novellen von Thomas Mann, nicht *Tod in Venedig* oder *Tristan*, sondern diejenigen …

J. Kaiser   Im *Kleiderschrank?*

M. Reich-Ranicki   … ja, wie im *Kleiderschrank*, die vor der Veröffentlichung der *Buddenbrooks* erschienen sind, sich anschaut, ist das verblüffend. Denn sie sind im Stil des alten Thomas Mann geschrieben. Mit andern Worten: Rein sprachlich hat er sich nicht entwickelt, er war schon ein Sprachmeister in seinen frühesten Novellen. Ich hab das versucht in einer Arbeit, die jetzt erst veröffentlicht wird, nachzuweisen, das ist ein seltener Fall, dass einer so früh schon ein ganz reifer Stilist war. Deswegen bin ich vorsichtig mit dem Fall Thomas Mann.

J. Kaiser   Ich würde Ihnen gern widersprechen, und zwar gerade im Hinblick auf den *Felix Krull*. Ich finde – ehrlich gesagt und bei aller Wertschätzung – die späteren *Felix Krull*-Szenen – die sind immer noch sehr witzig –, aber doch eine entscheidende Dimension alberner und nicht ganz so meisterhaft wie das vor Jahrzehnten Entstandene. Also da sehe ich ein …

Durcheinandergerede

J. Kaiser   Aber die Abfassung des *Joseph*-Romans zog sich auch über 16 Jahre hin, und da würde ich sogar sagen, dass der letzte Band der beste ist.

M. Reich-Ranicki   Der beste, ja, ja.

J. Kaiser   Und die Entstehung des *Ringes* vom Kollegen Richard Wagner dauerte über 20 Jahre, und die *Götterdämmerung* ist auch nicht schlecht.

M. Reich-Ranicki   Ja, aber vergessen Sie bitte eins. Erstens: Beim *Ring* – Sie wissen am besten, besser als ich, wie das war – ich weiß nicht, wann er den letzten Akt der *Götterdämmerung* geschrieben hat …

J. Kaiser   In den Jahren 1872/73.

M. Reich-Ranicki   … ob der nicht schon dalag wie der Epilog zum *Faust*, den hat Goethe auch viel früher geschrieben.

J. Kaiser   Und der vierte Akt ist nicht der beste. Das ist ja der zuletzt entstandene vom *Faust II*, der vierte Akt. Und das ist vielleicht nicht so gewaltig.

M. Reich-Ranicki   Aber zurück zur Frage nach dem *Krull*. Dass ein Schriftsteller so etwas schreibt und es dann ein halbes Jahrhundert lang liegen lässt und dann auf demselben Papier, auf derselben Zeile weiterschreibt, ist ja ein Beweis, dass er keine sprachliche Entwicklung durchmachte oder, um gleich Missverständnissen vorzubeugen, durchzumachen nötig hatte. Aber …

J. Kaiser   Aber vielleicht fiel ihm auch nichts anderes ein, zum Beispiel nimmt Boulez auch dauernd frühe Stücke vor und verbessert sie …

M. Reich-Ranicki   Gut, gut. Ich meine, das ist … Da muss ich noch einmal etwas aus Ihrer Branche sagen und meine Schwester zitieren, die über die *Arabella* immer sagte: ein *Rosenkavalier* für Bedürftige. Also, ich meine …

J. Kaiser   Dabei war er da noch relativ jung.

M. Reich-Ranicki   Ja, ja. Aber es war doch ein Versuch, den *Rosenkavalier*-Erfolg zu wiederholen, wie wir wissen.

J. Kaiser   Das geht immer schief. Ja.

M. Reich-Ranicki   Diese Sachen gehen immer schief. In der Literatur gibt es so was, das man hier nie so kannte wie in

der DDR. Arnold Zweig war in der Weimarer Republik berühmt geworden …

J. Kaiser   Großer Schriftsteller, ja.

M. Reich-Ranicki   … mit dem Roman *Der Streit um den
Sergeanten Grischa*. Und er hat später, in der Emigration, ein
anderes Buch geschrieben, genau nachgeschrieben. Ich habe
die Kritik damals betitelt »Der Streit um den Leutnant Kefa-
lides«. Es ist dieselbe Geschichte in einem anderen Milieu.
Das geht immer schief, das kann man nicht.

J. Kaiser   Ich möchte unser Gespräch jetzt, da wir uns anscheinend doch einigermaßen zu einer These aufgerafft haben, um einen Schritt weiterführen. Es gibt doch Autoren, die
im Alter sich verändern, die einen gewissen Altersstil entwi-
ckeln. Man kann ja die frühen Sachen besser finden, man
kann vielleicht sagen, die Streichquartette op. 59 von Beethoven seien toller als die späten usw., aber alles spielt sich doch
auf der gleichen genialen Dimension ab. Hingegen gibt's
Autoren, die im Alter tatsächlich regelrecht schlecht oder
schwach sind und sich nur wiederholen können. Und da
habe ich eine These, die ich Ihnen gerne vorwerfen würde.

M. Reich-Ranicki   Wer wurde ganz schlecht im Alter?

J. Kaiser   Das wage ich jetzt nicht so direkt zu sagen. Ich
wollte andeuten, dass es Autoren gibt, in denen im Grunde
nur ein Buch steckt, ein Werk. Sagen wir mal jemand wie der
Ernst Penzoldt. Sagen wir mal auch so jemand, den ich hoch
schätze, wie der Erich Kästner. Die frühen Gedichte, der *Fabian*, toll, und danach … Ich will damit zum Ausdruck brin-

gen, offensichtlich läuft man als schöpferischer Mensch immer das Risiko, dass man nur in *einer* Lebensphase wirklich stark ist und dass man nicht wissen kann, wie benehme ich mich, wenn ich 55 oder 75 bin.

M. Reich-Ranicki Der Name Erich Kästner ist ja typisch dafür. Aber das ist doch eher ein Beweis für meine als für Ihre These. Kästner hat all seine guten Gedichte innerhalb von drei, vier Jahren geschrieben. Das Spätere ist ohne Bedeutung. Kästner hat damals den einzigen Roman seines Lebens geschrieben, den *Fabian*. Und ein Alterswerk von Kästner gibt's gar nicht. Er hat im Alter gar nichts mehr …

J. Kaiser Darum war er auch tief gekränkt, als der Sieburg sagte, eine Kästner-Gesamtausgabe, das führt zu nichts. Denn seine späten Sachen … Na, er würde natürlich sagen, ich habe im Alter das und das und das noch geschrieben.

M. Reich-Ranicki Ja, ja. Es waren …

J. Kaiser Aber ist das nicht eine gewisse Tragödie …

M. Reich-Ranicki Diese Tragödie erleben doch alle. Thomas Mann hat ausdrücklich in den Tagebüchern geschrieben, der *Krull* sei unernst, ich hätte mit dem *Faustus* Schluss machen sollen, der *Faustus* mein *Parsifal*. Der *Krull* war etwas albern, nicht nötig. Hat Thomas Mann selber gesehen. Alle werden im Alter schwächer, so wie Verdi. Ich kenne die Hymnen aller Musiker auf den *Falstaff*, ich glaube nicht, dass man den *Falstaff* mit dem *Othello* und mit der *Aida* in einem Atem nennen kann. Es hat ihn sehr viel Mühe gekostet, den *Falstaff* so hinzukriegen.

E. Demski   Es gibt natürlich eine wunderbare Möglichkeit für Autoren, denen nichts mehr einfällt. Sie können das dann so machen wie Wolfgang Hildesheimer, der gesagt hat, in diesen Zeiten kann man nicht mehr schreiben. Das heißt, man kann das Ganze so welthistorisch verbrämen und sagen, das sei nun so, dass man nichts mehr schreiben könnte. In Wirklichkeit heißt es …

J. Kaiser   Na gut, er hatte ja ein paar Jahrzehnte produziert, ich meine …

E. Demski   Ja, ja, gut.

M. Reich-Ranicki   Na, ja, aber …

J. Kaiser   Es war etwas Albernes. Wenn er der ganzen Welt sagt, ich höre übermorgen auf …

M. Reich-Ranicki   Das sind die Leute, die erklären, ich bin impotent, aber heute sind alle impotent, und das gehört sich heute eben so.

E. Demski   Eben, man muss es sein.

J. Kaiser   Man muss stolz drauf sein.

M. Reich-Ranicki   Ja, das sind doch Kindereien.

J. Kaiser   Ich wollte … zwei Dinge sagen: Wir hatten uns doch erst mal in Hinblick auf das Alterswerk überlegt, ob der Thomas Mann sich, also im Spätwerk, verändert hat, ob er ein bisschen besser oder ein bisschen schlechter geworden ist. Und dann haben wir uns überlegt, ob sich das mit dem *Parsifal* oder der letzten Oper von Verdi, dem *Falstaff,* so ähnlich verhält. Ich habe, wie Sie, auch ein Leben lang über den *Falstaff* nachgedacht und habe immer gedacht, sehr kunstvoll alles, aber eigentlich ist mir der *Troubadour* lieber. Jetzt würde ich sagen, ich hab's damals, als ich so sprach, nicht ganz begriffen: Es sind im *Falstaff* wenige Kantilenen, weniger Arien, keine Frage –, aber es ist eine Rapidität des Ausdrucks, eine Schnelligkeit der Charakterisierung, ein Witz und dann doch eine großartige halbstündige letzte Szene, dass man zugeben muss, es ist sozusagen die schnellste Musik, die es gibt, während die vom *Parsifal* die langsamste ist. Also sozusagen ein radikaler Gegensatz, aber beides typische Spätwerke.

M. Reich-Ranicki   Ja, ja, meine These ist doch ganz schlicht und einfach. Es haben große Komponisten und große Schriftsteller ein herrliches Alterswerk, aber von dem einen einzigen Fall Fontane, der im Alter von über 70 seine besten Romane geschrieben hat, gilt die Regel, keiner dieser Schriftsteller und Komponisten hat, wenn er dieses Alter zwischen 70 und 80 erreichte, etwas geschrieben, was besser wäre als seine Hauptwerke. Im Gegenteil, es ist immer schwächer, es lässt sich nicht vermeiden, aber es wird verklärt. Natürlich sagen wir oft und zu Recht, schwächer als dieser oder jener Roman, den er 40, 50 Jahre früher geschrieben hat, aber immer noch haben wir Anlass, dankbar zu sein, dass sie so was hinterlassen.

J. Kaiser   Nein, wir wollen nicht nur dankbar sein, sondern auch gerecht. Ich glaube, Sie werden etwa der Besonderheit der *Metamorphosen* von Richard Strauss nicht gerecht.

Durcheinandergerede

J. Kaiser   … es könnte sein, dass Sie, weil Sie ja auch nicht mehr ganz jung sind, ein bisschen besessen davon sind, das Alter quasi schlecht zu machen.

M. Reich-Ranicki   Also wenn wir beide … sagen Sie mir die Wahrheit, was ist bedeutender, *Elektra* oder die *Metamorphosen*?

J. Kaiser   Das ist eine unfaire Frage. Ich würde auf die Frage: Was ist bedeutender, die *Metamorphosen* oder irgendeine andere sinfonische Dichtung, da würde ich antworten, das kann man nicht entscheiden, man muss froh sein, dass es beide gibt.

M. Reich-Ranicki   Aber so was wie die *Elektra* konnte er nur schreiben, als er noch relativ jung war.

J. Kaiser   Strauss war ein komischer Typ. Der fing an und schrieb lauter sinfonische Dichtungen über Männer, und dann begann er Opern zu schreiben, die nur von Weibern handeln. In den Strauss'schen Opern kommen überhaupt Männer nicht vor. Es war also eine typologische Frage sondergleichen. Und 1945 schrieb er seine *Metamorphosen* über ein Unglück, die sogar mit einem Zitat aus dem Trauermarsch der *Eroika* enden. Und wenn Sie jetzt sagen, ja, aber die *Salome* ist mir lieber, … – so undifferenziert können Sie nicht sein.

M. Reich-Ranicki   Gut, gut. Also ich hab … ich will nur sagen, die ungeheure Kraft, die in der *Elektra* steckt …

J. Kaiser   Die ist mir auch das Liebste. Und die *Salome* ist vielleicht auch nicht schlecht.

M. Reich-Ranicki … nicht, gar nicht, natürlich gar nicht schlecht. Ich will nur einer Sache entgegenwirken, gerade weil ich selber ein alter Mann bin. Man soll nicht das Alter verklären. Es ist alles schlechter. Alles ist im Alter schlechter. Das Gebiss …

J. Kaiser Bis aufs Bankkonto.

M. Reich-Ranicki Das ist eine andere Sache … Die Energie, das Gedächtnis, alles lässt im Alter nach, gar keine Frage. Und man soll nicht die Menschen belügen, habt keine Angst, wenn ihr 60 seid, mit 80 ist es noch schöner. Es ist nicht noch schöner.

E. Demski Entschuldigung. Darf ich daraus schließen, dass die viel zitierte Weisheit des Alters aus nichts anderem besteht als aus dem Mangel an Möglichkeiten, Dummheiten zu machen?

M. Reich-Ranicki Ich glaube ja. Ich glaube ja, es stimmt.

J. Kaiser Also mit der Weisheit, da habe ich auch meine Schwierigkeiten. Man ist natürlich mit 22 unbeschreiblich viel schlauer als später, aber ist es nicht doch so, dass man, wenn man älter wird, sich über bestimmte Sachen nicht mehr ganz so aufregt, weil sie es vielleicht nicht wert sind.

M. Reich-Ranicki Ach, hat nichts mit Weisheit zu tun. Das ist eine gewisse Souveränität, man nimmt's halt hin.

J. Kaiser Diese These habe ich oft vertreten. Ich sage auch: bestimmte Sachen, über die ich mich früher geärgert habe, gehen mich nichts an und so. Man kommt sich dann ganz souverän vor, und dann passiert doch irgendeine Riesenschweinerei, und man ärgert sich ganz genauso wie mit 19. Ich nehme an, Sie ärgern sich auch noch über ungerechte Kritiken.

M. Reich-Ranicki   Ja, ich ärgere mich natürlich, aber bitte, ich ärgere mich nicht so sehr, wie ich mich über ähnliche Ungerechtigkeiten vor 40 Jahren geärgert hätte. Es lässt auch nach. Bei negativen Kritiken ist ja das englische Wort sehr schön – vielleicht ist das eine Wunschvorstellung –, dass eine negative Kritik einem das Frühstück verdirbt, aber nicht mehr das Mittagessen. Man überlebt es doch ziemlich rasch.

J. Kaiser   Nun einmal kein Künstler, sondern ein Philosoph: Immanuel Kant hat doch gesagt, alle meine vorkritischen Werke gebe ich dahin. Jetzt, nachdem ich die Kritik der reinen Vernunft, der Urteilskraft und der praktischen Vernunft habe, jetzt fängt es wirklich an. Ist es nicht denkbar, ich suche jetzt nach Beispielen, dass man im Alter zu bestimmten Einsichten, auch theoretischen Einsichten kommt, die man vorher nicht hatte?

M. Reich-Ranicki   Das ist denkbar, aber man bringt sie in der Literatur nicht so gut und wirkungsvoll vor, wie man sie früher vorgebracht hätte, als man jünger war. Alles ist schlechter im Alter.

E. Demski   Kant ist ja nun auch so ein Fall, von einer, wie wir zu wissen glauben, fast totalen biographischen Abstinenz. Also er ist nicht gereist, er hat nichts gesehen, in der Liebe war nix los …

J. Kaiser   Im Geschlechtsleben hielt er sich zurück.

E. Demski   … also, lieber Gott, nun, etwas anderes, als alt und weise zu werden, ist ihm wahrscheinlich gar nicht übrig geblieben.

M. Reich-Ranicki   Hinzu kommt noch eine Sache. Mich interessiert nicht so sehr, was die großen Komponisten oder Dichter von ihren eigenen Werken hielten – was die Dichter über das, was sie geschrieben haben, reden und schreiben, ist meist nicht sehr ernst zu nehmen. Vor allem aus einem einzigen Grund, nein, aus zwei Gründen. Der eine ist ein simpler Grund, Mütter lieben oft die schwächsten Kinder am meisten, und so wollen die Autoren die Aufmerksamkeit auf dies oder jenes Buch lenken, das angeblich nicht richtig beurteilt wurde. Heinrich Böll hat mich mehrfach gequält mit seinem Drama, *Ein Schluck Erde* hieß es, das sei unterschätzt worden, denn er wusste, seine Prosabücher werden gelobt und gerühmt, und von dem Stück wollte niemand was wissen. Das ist der eine Punkt mit dem Alter. Der andere Punkt, warum die Leute die eigenen Werke nicht beurteilen können, ist doch sehr einfach. Jeder Autor weiß, was er mit seinem Werk wollte, was er anstrebte, was er vor Augen hatte. Und dieses Bewusstsein versperrt ihm die Sicht auf das reale Ergebnis. Das ist doch immer so.

J. Kaiser   Oft sind die Autoren auch gegenüber ihren Sachen kritischer als die Leser.

M. Reich-Ranicki   Aber sie behalten dies für sich.

J. Kaiser   Sie haben mit Recht am Anfang unseres Gesprächs kurz gesagt, von Genies kann man nichts ableiten.

Ich glaube, ich muss jetzt einfach, damit wir in dem Punkt nicht unvollständig sind, sagen, der Johann Sebastian Bach und der Händel wurden relativ alt, und der *Messias* und das Bach'sche Spätwerk gelten als spekulative Höhepunkte. Also man kann nicht sagen, dass …

M. Reich-Ranicki   Jetzt kommt gleich Picasso, der war auch im Alter noch ganz gut.

J. Kaiser   Wir dürfen ja über bildende Kunst nicht reden.

E. Demski   Wer sagt das?

J. Kaiser   Weil wir nichts davon verstehen, hat er doch … aber das hat noch niemanden gehindert.

E. Demski   Du lieber Gott, kein Mensch wird daran gehindert.

J. Kaiser   Nein, aber, wie ist das, wie ist das mit dem Tizian, kennen Sie sich da ein bisschen …?

E. Demski   Ja, so ein bisschen schon. Und ich denke, dass es bei einem Maler wie Tizian, gerade in seiner Zeit, sehr viel mehr um die Perfektion und um das Durchdringen des Handwerklichen ging. Und dieses »Jetzt erst kann ich es, wo ich körperlich fast nicht mehr kann, jetzt erst eigentlich weiß ich es«, spielt in der bildenden Kunst eine ganz große Rolle. Michelangelo ist auch uralt geworden, und es gibt ein Alterswerk, ein enormes Spätwerk, wo man gelegentlich den Finger Gottes selber spürt.

M. Reich-Ranicki   Ja, ja. Aber ich würde doch vorschlagen, dass wir etwas ganz anderes gegen Ende unserer Sendung mit Nachdruck sagen. Erstens: zurück zu Wagner. Sie wissen doch genau, wie langsam er den *Ring* komponiert hat, was für Tage er hatte, wo er einen ganzen Tag lang zwei Takte geschafft hatte.

J. Kaiser   Und er sagte immer, wenn der Mendelssohn mich komponieren sehen würde, der würde ja kichern, wie unbegabt ich bin.

M. Reich-Ranicki   Ja, wie langsam es immer voranging.

J. Kaiser   Ja, aber er hat doch jeden Tag in seinem Leben etwas gemacht und während des *Ringes* noch *Tristan* und die *Meistersinger*.

M. Reich-Ranicki   Ich habe einen anderen Vorschlag, ich möchte gerne allen Zuhörern unserer Sendung etwas sagen, nämlich: Wenn ihr jetzt 30 seid oder 40, arbeitet, schreibt, seid produktiv, lasst euch nicht einreden, die wunderbare Zeit der Produktivität beginnt mit 60 oder 70, das stimmt nicht. Ihr werdet euer Werk nicht übertrumpfen mit einem Spätwerk. Nur der eine Fontane hat's geschafft, zwei, drei Romane im Alter zu schreiben, die wirklich noch bedeutender sind.

J. Kaiser   Nein, da möchte ich sogar noch weitergehen als Sie. Ich finde, es ist eine ganz gemeine Ausrede, die ich bei vielen jüngeren Leuten und auch solchen, die ich hoch schätze, sehe, dass sie nämlich, wenn sie etwa bei einer Zeitung angestellt sind oder beim Rundfunk, sagen, was ich jetzt mache, ist ja alles Scheiße, das weiß ich auch, ich habe leider kein Geld, ich muss was verdienen. Aber wenn das vorbei ist, dann schreibe ich was ganz Tolles.

M. Reich-Ranicki   Das gelingt nicht.

J. Kaiser   Dann sage ich, Kinder, das, was ihr jetzt macht, *das ist es.* Man ist leider als Autor nur so viel wert wie das Schlechteste, was man macht. Das klingt aber sehr unfreundlich.

M. Reich-Ranicki   Man kann es auch anders formulieren. Die Schriftsteller sagen oft aus verschiedenen Gründen, sie seien genötigt, um Geld zu verdienen, mit linker Hand irgendetwas zu machen, was schnell Verdienst bringt, Kriminalromane oder irgend so was.

J. Kaiser   Wenn sie's nur könnten, ja.

M. Reich-Ranicki   Die Sache ist die: Wenn man sich die Kitsch-Bazillen in die linke Hand einimpft, um etwas zu schreiben, mit dem man Geld verdient, haben diese Bazillen eine unglaublich üble Gewohnheit, sie kommen in die rechte Hand. Und nachher, wo man mit der rechten Hand die eigentlichen Werke schreibt, sind die genauso schlecht wie die anderen. Das lässt sich nicht machen, und eher soll man's so machen wie Kafka, der immerhin den ganzen Tag schwer gearbeitet hat, aber das hat ja mit Kunst nun gar nichts zu tun, was er in der Versicherung gearbeitet hat.

E. Demski   Aber Kafka kannte nicht das, das wir heute kennen, nämlich die unendliche Verführung der so genannten Mediengesellschaft. Das heißt, dieser Bazillus in der linken Hand, von dem Sie reden, der heißt eigentlich permanente Öffentlichkeit und permanente Verfügbarkeit. Der Kitsch ist gar nicht das Schlimme.

J. Kaiser   Man muss es auch *können*. Ich glaube, wenn ein Intellektueller sich hinsetzt und sagt, ich mach jetzt einen ganz kitschigen Liebesroman, ich will Geld verdienen, der kann's wahrscheinlich gar nicht. Das ist nämlich gar nicht so einfach.

E. Demski   Kann er nicht.

M. Reich-Ranicki   Dafür gibt's ein sehr gutes Beispiel.

J. Kaiser   Nämlich?

M. Reich-Ranicki   Wolfgang Koeppen hat, um Geld zu verdienen, einen Unterhaltungsroman für eine Illustrierte geschrieben. Nach 12 oder 15 Seiten schrieb er nur noch über den Tod, gerade das, was die Illustrierte nicht haben wollte, und hat die Sache abgebrochen. Es ist in einem Buch, das Siegfried Unseld herausgegeben hat, gedruckt, es ist betitelt *Aus aufgegebenen Werken*.

J. Kaiser   Ja, da fällt mir ein, es gibt eine fabelhafte Novelle von Henry James, wo ein sehr komplizierter Schriftsteller sagt, ich muss jetzt Geld verdienen, ich mach jetzt einen ganz üblen, säuischen, pornographischen Roman, der geht wenigstens. Und dann schrieb er gegen seinen Willen ein wunderbares erotisches Werk, was auch ganz unverkäuflich war. Also man entkommt sich nicht. Mir hat mal ein bildender Künstler gesagt, wissen Sie, was der da macht, das grenzt so an Kunstgewerbe. Und wenn er das *einmal* getan hat, kommt er nie mehr da heraus.

E. Demski   Ja, das ist der deutsche Purismus, ja.

M. Reich-Ranicki   Ein bisschen zu streng. Denn wir können ja bei großen Meistern den Kitsch schon nachweisen, gelegentlich.

E. Demski   Und wir genießen ihn, gelegentlich.

M. Reich-Ranicki   Unter uns, Beethoven ist schon ein sehr begabter Komponist, aber diese Ouvertüre *Wellingtons Tod* oder so ähnlich …

J. Kaiser   *Wellingtons Sieg oder die Schlacht bei Waterloo*, gar nicht so schlecht. Gar nicht so schlecht. Die hat, glaube ich, sogar der Schönberg geschätzt, aber die *Coriolan-Ouvertüre* ist besser, kein Zweifel … Ist es mir gelungen, Sie ein bisschen wenigstens nachdenklich zu machen in Ihrem totalen Verdikt, das, was der ältere Mensch produziert, sei eigentlich immer schlechter als das, was der jüngere macht?

M. Reich-Ranicki   Es ist immer schwächer als die Hauptwerke desselben Autors oder Komponisten, immer. Es sei denn, natürlich, wir reden ja nicht über Leute wie Kleist oder Büchner, die so früh gestorben sind …

J. Kaiser   Ja, und wir reden auch nicht kritisch über Bach oder Tizian, das sind Ausnahmen.

E. Demski   Da kann man ja nur den Rat geben, man macht das so wie Sie, man wartet mit seinem Hauptwerk bis ganz spät, dann kann's ja nicht schief gehen.

M. Reich-Ranicki   Das ist sehr lieb gesagt, aber ich habe da eine Frage, die Sie mir nicht beantworten können, nämlich: Hätte ich es gewagt und die Kraft gehabt, das Buch zehn Jahre früher zu schreiben, wer weiß, vielleicht wäre es besser geworden. Ich weiß es nicht.

J. Kaiser   Ich will Ihnen jetzt etwas mich damals sehr Be-kümmerndes sagen: Ich lernte sehr spät den Sebastian Haff-ner kennen, auf Partys usw. Es war ein reizender Herr, und er hatte ja auf seine ziemlich alten Tage Erfolg. Der sagte im-mer nur: zu spät. Hätte ich die öffentliche Resonanz und den Erfolg vor zehn Jahren gehabt, ich hätte noch tolle Bücher machen können, jetzt geht's nicht mehr.

E. Demski   Ach, aber der Erfolg, immer zu früh oder zu spät. Nie zur rechten Zeit.

M. Reich-Ranicki   Das ist ein weises Wort.

J. Kaiser   Ich hätte gern zu früh Erfolg.

M. Reich-Ranicki   Nein, also ich bin der Einzige, der erklärt, mein Erfolg, dieses Buch *Mein Leben*, war nicht zu früh und nicht zu spät, Gott hat's gegeben, und so bin ich zufrieden.

Mario Vargas Llosa
Ein portatives Vaterland

Bevor ich Marcel Reich-Ranickis Autobiographie *Mein Leben* gelesen hatte, war mir nie der Gedanke gekommen, dass die Literaturkritik ähnlich wie Dichtung, Theater oder Roman eine besondere, frühe Berufung sein könnte. Ich glaubte und glaube immer noch, dass man meist auf Nebenwegen zu ihr gelangt, dass sie oft ein Trost, eine Ergänzung ist oder Resignation und dass sich im Herzen jedes Kritikers ein gescheiterter Künstler verbirgt. Dabei unterschätze ich keineswegs dieses literarische Genre, das auch ich mit einer gewissen Beständigkeit praktiziere, und Literaturkritiker wie Sainte-Beuve, Edmond Wilson oder Dámaso Alonso zählen zu den Autoren, die ich am meisten bewundere. Aber es besteht kein Zweifel, dass sie und die große Mehrheit ihrer Kollegen auf dem Umweg über ihre erste Liebe, die literarische Schöpfung, zur Literaturkritik kamen, eine Liebe, von der sie sich mit oder ohne Grund enttäuscht abgewandt hatten und die doch stets voll Wehmut die Essays und Artikel durchdrang, die sie den fremden Werken widmeten.

Nicht so Reich-Ranicki. Er war kaum erwachsen, fast noch ein Kind, und doch wusste er in seiner Begeisterung für die deutschen Dichter und Romanschriftsteller, die er in Polen, dem Land seiner Geburt, dank seiner Mutter kennen gelernt hatte, schon früh, was er im Leben sein wollte: Literaturkritiker, spezialisiert auf deutsche Literatur, die er mit einem wunderbaren Bild als sein »portatives Vaterland« bezeichnet. Dieser gesunde Ehrgeiz war in seinem Fall allerdings mit außergewöhnlichen Schwierigkeiten verbunden und hatte etwas Utopisches. Denn der junge Mann, der von Schillers Balladen, Goethes Gedichten und Thomas Manns Romanen verzaubert war, war Jude, und in Deutschland, wo seine Familie sich niedergelassen hatte, war Hitler an die Macht gelangt, und der Nationalsozialismus begann mit seiner Politik der ethnischen Säuberung und Judenverfolgung, die der »Endlösung« vorausging.

Wenn Reich-Ranicki von seiner Schulzeit auf einem Berliner Gymnasium erzählt, vor dem Hintergrund der systematischen Inbesitznahme der Institutionen, der Verhaltensweisen, der Köpfe und Seelen der deutschen Gesellschaft durch den Nationalsozialismus, gelingen ihm bewegende Seiten. Sie enthalten nicht die geringste Spur von Selbstmitleid, keinen Hang zum Schaurigen, zum Exzess; die kalte Nüchternheit der Erzählung bewirkt, dass sein Zeugnis erschütternde Akzente gewinnt. Der Leser spürt, wie sich allmählich auch um seinen Hals eine Hand schließt, wenn der Protagonist der Geschichte erleben muss, dass sich unter nichtigen Vor-

wänden die Türen der Universität, der Arbeit vor ihm ver-
schließen, sich die Freunde verflüchtigen, die Angst sich seiner bemächtigt und er nach Jahren des langsamen, täglichen
Erstickens schließlich festgenommen und als unerwünschte
Person nach Polen abgeschoben wird.

Nicht einmal bei der Schilderung der zahllosen Demütigun-
gen und Grausamkeiten, denen die polnischen Juden seitens
der nazideutschen Besatzer ausgesetzt waren, und des langsamen Sterbens im Warschauer Ghetto, wo er seine heutige
Ehefrau Tosia kennen lernte und heiratete und unzählige
Male dem Tod ins Auge sah – das Paar entkam fast wie durch
ein Wunder dem Gastod in Treblinka und lebte dann bis
zum Ende des Krieges in ständiger Angst in einem Versteck
außerhalb von Warschau –, verbiegt sich die Prosa der Erzählung oder bekommt einen heftigen oder sentimentalen
Ton: präzise, intelligent, von ironischen Schlenkern und hei-
teren Details aufgehellt, beschreibt sie eindringlich diesen
Abstieg in die Höllenkreise des Bösen und widersteht jeder
Versuchung, sich der Verzweiflung, dem Aufschrei, der Weh-
klage oder der Verwünschung zu überlassen. Es ist schwierig,
beim Lesen dieser herzzerreißenden Erinnerungen nicht
einen Knoten im Hals zu spüren.

Doch selbst in diesen dramatischen Kapiteln, die vom
Kampf um das bloße Überleben handeln, ist die Literatur
ständig präsent und tritt als eigentliche Protagonistin dieser
Geschichte hervor. Nicht irgendeine Literatur, sondern die
deutsche, denn obwohl er bisweilen auch Shakespeare zitiert,

scheint seine Liebe ihr und nur ihr zu gehören. Wenn es um Bücher geht, verschwindet die ganze Nüchternheit, mit der Reich-Ranicki die Menschen und noch die schrecklichsten Ereignisse schildert; dann erscheint das Gefühl, natürlich ohne dass der Verstand sich verabschiedet, und der Ton des Buches wird schwärmerisch und vital, wie von Zärtlichkeit durchströmt. Golo Mann warf Reich-Ranicki vor, er habe in den Kritiken, die er Thomas Mann widmete (einem seiner Lieblingsautoren), nicht mit der gebührenden »Sympathie« geschrieben, »zu wenig Liebe« an den Tag gelegt. Mein Eindruck bei der Lektüre dieses faszinierenden Buches war eher das Gegenteil: Wenn er über Gedichte, Theater, Romane oder Musik spricht, werden seine Seiten emotional, füllen sich mit Großherzigkeit, mit Sympathie und Begeisterung. Wenn sie dagegen um Menschen kreisen, werden sie kalt, bisweilen eisig, und sind oft von einer verletzenden Strenge, die an Grausamkeit grenzt.

Nach dem Krieg arbeitete Reich-Ranicki zunächst als Beamter, dann als Spitzel der polnischen Regierung; später als Übersetzer und Kritiker deutscher Literatur für die staatseigenen Verlage. Aus mysteriösen Gründen wurde er aus der Kommunistischen Partei ausgeschlossen und fiel eine Zeit lang in Ungnade, bis das Verbot, das ihm das Publizieren untersagte, auf ebenso mysteriöse Weise verschwand und er sich sein Leben erneut mit dem Lesen, Interpretieren und Übersetzen seiner geliebten deutschen Autoren verdienen konnte. 1958 flohen er und Tosia nach Westdeutschland. Damit endeten die Schwierigkeiten, Missgeschicke, Unsicherheiten und Risiken, und es begannen die fetten Jahre. Mit der Zeit sollte Reich-Ranicki einer der einflussreichsten Literaturkritiker Deutschlands werden und mit Sicherheit der bekannteste. Zunächst für *Die Welt* und *Die Zeit* tätig, später für das Feuilleton der *Frankfurter Allgemeinen Zeitung*, das er viele Jahre leitete, stieg Reich-Ranicki mit seiner Fernsehsendung, dem *Literarischen Quartett*, schließlich zu einer Spitzenposition auf, die ihm dank des glanzlosen Berufes, von dem er als Kind geträumt hatte und dem er sein Erwachsenenleben widmen wollte, ein Maximum an Publikum, Ansehen und Macht verschaffte.

Ein wahrhaft außergewöhnliches Leben: der junge polnische Jude, der Bewunderer der deutschen Sprache und Literatur, den das Land seiner Wahl diskriminierte, misshandelte, vertrieb, in ein Ghetto sperrte und beinahe in die Gaskammer geschickt hätte (wie seine Eltern, Geschwister und einige andere Verwandte), überlebt den Horror und kehrt, wie der Graf von Monte Cristo, mit unversehrter Liebe für die großen Literaten dieses undankbaren Landes nach Deutschland zurück, wo er nach einigen Jahren zum obersten Guru der Literaturkritik wird, zum Literaturpapst, dessen Feder seit nunmehr dreißig Jahren Ruhm oder Schande über die einheimischen Schriftsteller bringt. Was für einen Roman hätte man aus dieser Geschichte machen können!

Allerdings geht aus Reich-Ranickis Zeugnis eindeutig hervor, dass der Triumph als Literaturkritiker keineswegs zu ei-

ner optimistischen, sympathischen Sicht der Literaten ver-
hilft. Seine könnte nicht schlimmer sein. So behauptet er ka-
tegorisch, dass »die meisten Schriftsteller von der Literatur
nicht mehr verstehen als die Vögel von Ornithologie«, ein
exzellenter, aber unzutreffender Satz, denn die Ausnahmen,
von Elliot bis Joyce, von Proust bis Gide, sind zahlreich. Fast
alle Autoren, die in seinen Erinnerungen auftauchen, von
Bertolt Brecht bis Günter Grass, von Anna Seghers bis Max
Frisch, von Canetti bis Adorno, sind hoffnungslos eitle Ge-
stalten, wahnhaft in ihrem Selbstbezug, freundlich und lie-
benswürdig nur dem Kritiker gegenüber, der ihnen schmei-
chelt oder sie lobt; wenn nicht, zeigen sie die Zähne und
führen sich wie beleidigte Primadonnen auf. Und wenn endlich ein Exemplar der Zunft auftaucht, das rein, einfach und
engelsgleich ist wie Heinrich Böll, dann schreibt er höchst
mäßige Bücher! Die Literatur ist wunderbar, aber die Literaten sind furchtbar und unerträglich – dies scheint der
Schluss zu sein, zu dem der betagte Kritiker durch seinen
Umgang mit Schriftstellern gelangt ist.
Ich behaupte nicht, dass dieser böse Schluss unzutreffend ist,
wohl aber, dass man in die »infame Zunft« der eingebildeten
Narzissten mit Fug und Recht einige Literaturkritiker auf-
nehmen müsste, darunter womöglich, ach, Reich-Ranicki
selber. Denn ein bemerkenswertes Paradox dieses Buches,
das großartig ist als leidenschaftliches Plädoyer für die Literatur und das so viele bewegende Seiten über die Dummheit
und Schlechtigkeit des Rassismus und des Totalitarismus

enthält, besteht darin, dass sein Autor es – mit wahrem Talent, wie ich zugeben muss – fertig bringt, sich als einen außerordentlich unsympathischen Zeitgenossen darzustellen, als jemand, neben dem man nicht auf einem Transatlantikflug sitzen möchte. In seinen Erinnerungen beschreibt Reich-Ranicki sich als einen Kritiker, der nie zuließ, dass gefühlsmäßige, freundschaftliche oder anderweitige außerliterarische Kriterien sein kritisches Urteil beeinträchtigten, das er stets mit absoluter Unabhängigkeit und Strenge und oft im Wissen fällte, dass diese Integrität ihm Feindschaften, den Verlust von Freundschaften und verbale Aggressionen einbringen würde. Ich bin sicher, dass dies zutrifft, aber aus dieser unerbittlich konsequenten Anwendung der eigenen Kriterien und Prinzipien auf die Beurteilung der Literatur folgt nicht, wie Reich-Ranicki es für ausgemacht zu halten scheint, dass dieser gerechte Richter, weil er sich für gerecht hält, nicht irrt, fehlgeht oder bisweilen monumentale Ungerechtigkeiten zu verantworten hat. Arroganz kann ein ebenso großes Handicap sein wie Vetternwirtschaft oder Opportunismus, wenn es um die Rezension eines Gedichtbandes oder eines Romans geht, und Reich-Ranicki scheint nicht immun zu sein gegen diesen Virus, der nach seinem eigenen Eingeständnis in der literarischen Welt so weit verbreitet ist. Die Seiten, auf denen er »den Hass und die Eifersucht« zahlreicher Schriftsteller schildert, die sich durch seine Kritiken beleidigt fühlten und rufschädigende Kampagnen gegen ihn ins Werk setzten, ihn karikaturisierten, beleidigten und in ihren Büchern sogar ermordeten (zuletzt Martin Walser in einem Roman, der in Deutschland einen literarischen Skandal verursacht hat), sind nicht angenehm zu lesen, weil sie sich nicht nur einem unnötigen Masochismus zu ergeben scheinen, sondern auch eine bemerkenswerte Naivität erkennen lassen. Was erwarten Sie denn, mein Herr? Dass diese Massen von Schreibern, die Ihre olympische Feder zunichte gemacht hat, Sie obendrein noch lieben und ehren?

Vielleicht bin ich ungerecht mit einem Buch, das ich in großen Teilen mit Genuss und voll Bewegung gelesen habe, doch warum nicht Reich-Ranickis Beispiel folgen und sich eisig und sogar unerbittlich zeigen, wenn es gilt, eine kritische Meinung zu formulieren, auch wenn dies bedeutet, der Hand, die uns so angenehme Augenblicke schenkte, einen undankbaren Biss zu versetzen?

Im Übrigen könnte seine Auffassung der Literaturkritik nicht treffender und tauglicher sein, wenn sie auch in unseren Tagen leider immer weniger geteilt wird. Der Erfolg des von ihm geleiteten Feuilletons der *Frankfurter Allgemeinen Zeitung* sei, so versichert er, zum Großteil darauf zurückzuführen gewesen, dass er seinen Mitarbeitern nie gestattet habe, in ihren Artikeln und Rezensionen jenen pseudowissenschaftlichen esoterischen Jargon zu verwenden, der vor allem im akademischen Bereich heute oft an die Stelle der Literaturkritik tritt, und von ihnen immer »verständliche und lesbare«, dem breiten Publikum, den normalen Lesern zugängliche Texte gefordert habe. Es wäre zu wünschen, dass alle leitenden Redakteure der Feuilletons und Literaturbeilagen dieser Politik folgen. Denn die beste, die wunderbarste Aufgabe, der sich die Literaturkritik verschreiben kann, besteht in der Tat darin, den Lesern die Begeisterung und die Liebe für die guten Bücher zu vermitteln. Und die erste und wichtigste Voraussetzung dafür ist, die Bücher so zu lieben wie Reich-Ranicki sie geliebt hat, seit er sein portatives Vaterland entdeckte.

Aus dem Spanischen von Elke Wehr

Peter Laemmle
Nachwort

»Das Medium der Kritik war, ist und wird sein: das gedruckte Wort«, sagte Marcel Reich-Ranicki in einem Gespräch mit
Eva Demski aus dem Jahr 1992. Und er fügte damals gleich
hinzu:»Das Fernsehen ist ein Medium für Diskussionen und
der bisherige Erfolg des ›Literarischen Quartetts‹ hat bestä-
tigt, dass man Literatur den potenziellen Lesern besser so nä-
her bringen kann als mit einer gedruckten Kritik. Denn
selbst, wenn man sich bemüht, verständlich zu schreiben, ist
man nicht so verständlich wie im Gespräch, in dem eine Formulierung sofort ergänzt, gedeutet und widerlegt werden
kann.« Der Bayerische Rundfunk ist dankbar dafür, dass er
von der Vorliebe dieses Kritikers für das gesprochene Wort
einige Male profitieren konnte. Er, der *Fernsehstar*, ist in den
letzten Jahren auch in Sendungen von Bayern2Radio aufgetreten, die immer ein überdurchschnittliches Hörer-Echo
hatten. Drei seiner großen Radio-Gespräche sind in diesem
Band abgedruckt. Im ersten gibt Marcel Reich-Ranicki, be-
fragt von Wilfried F. Schoeller, Auskunft über seinen Lebens-

weg und erzählt dabei auch von den existenzbedrohenden Gefährdungen, denen er ausgesetzt war. Wer diesen, seinen lebensgeschichlichen Hintergrund nicht begreift (oder begreifen will), hat von Marcel Reich-Ranicki nichts verstanden – nichts von seiner Unermüdlichkeit im Umgang mit Literatur, nichts von dem, was ihm zugefügt wurde durch äußere Einflüsse und gegen ihn gerichtete persönliche Schmähungen. Dass er dies alles überstanden hat, hat ihn so selbstbewusst und kampfeslustig gemacht, wie er ist. Er hat nie aufgegeben, ist trotz seiner immer wiederkehrenden schlechten Erfahrungen nie melancholisch und resignativ geworden. Er hat unbeirrbar an seinen Zielen festgehalten – das ist das eigentlich Bewunderungswürdige an seiner Person.

Seine Ziele, seine Vorstellungen vom »Kritiker als Beruf« entwirft Marcel Reich-Ranicki facettenreich in einem Streitgespräch mit Joachim Kaiser (»Kritikers Kummer – Kritikers Freud«). Bei allen wichtigen Nebenschauplätzen, die in dieser Diskussion erwähnt werden, oft in ironischer Zuspitzung, kommt *er* doch immer wieder auf seine Hauptforderung zurück: Adressat der Kritik müsse der Leser sein, nicht die Autoren, nicht die Kritikerkollegen. »Vielleicht ist Kritik nötig«, sagt Reich-Ranicki, »als pädagogische Institution … Wir wollen doch den Leuten etwas beibringen. Wir wollen ihnen erklären, was unerhört schwer ist, warum Shakespeare gut ist.« Als Kritiker verfolgt er mit nicht nachlassender Leidenschaft ein Ziel: das große Publikum zu gewinnen für die

Literatur. Jeder soll wissen, was ihm entgeht, wenn er nicht liest. Der Kritiker ist ein Überzeugungstäter, der seine Kenntnisse, seine Erfahrungen, seinen Instinkt für Qualität einsetzt, um uns klar zu machen: Literatur ist so etwas wie ein ganz eigener Kontinent, der immer wieder neu entdeckt werden will. Wie Marcel Reich-Ranicki dabei methodisch vorgeht – als Kritiker verfügt er ja auch über bemerkenswerte Begabungen als Erzähler und Alleinunterhalter –, davon handeln viele der Einzelbeiträge in diesem Buch. Reich-Ranickis Entschlossenheit, komplizierte Sachverhalte zu vereinfachen, und die Fähigkeit, seine Zuschauer, Hörer, Leser zum Lachen zu bringen (lachend nehmen wir Erkenntnisse bereitwilliger auf), analysiert Jürgen Kolbe als Ergebnis großer »Ernsthaftigkeit und Arbeitsamkeit« – es ist *Das Einfache, das schwer zu Machende* ... Michael Krüger, der Verleger, der kürzlich das Ende des so absatzfördernden »Literarischen Quartetts« bedauerte, wünscht sich mehr Kritiker vom Schlage Reich-Ranickis und weiß doch: Dieser Mann ist ein Solitär. Einer, dem es gelungen ist, bis in alle Winkel des Landes Aufmerksamkeit für Literatur zu wecken, weil er, wie Uwe Wittstock in diesem Buch nachweist, mit seiner Demokratisierung der Literaturkritik alle Bevölkerungsschichten erreicht. Eine Leistung, die jetzt schon von literaturgeschichtlicher Bedeutung ist. Im letzten großen Gespräch, das die Frage stellt »Das Alterswerk als künstlerische Vollendung?« – und damit auch Qualitätsunterschiede von literarischen Früh- und Spätwerken zu ergründen versucht –, lernen wir Marcel Reich-Ranicki noch von einer anderen Seite kennen: als Ältester in der Runde erweist er sich als vehementer Verteidiger der Jugend. Literarische Debüts sind ihm lieber, wenn sie Biss, Temperament und etwas Ungewöhnliches im Zugriff haben als die abgesicherten, oft schon routinierten, frühen Glanz konservierenden Spät- und Alterswerke. Jungen Autoren empfiehlt er, sich zu sputen, nicht auf die angeblichen Erleichterungen des Alters zu warten — denn, so sagt er (und sagt es immer wieder): Im Alter werde alles schlechter und lässt sich auch nicht mit dem Argument widerlegen, *sein* erfolgreichstes Buch, die Autobiographie *Mein Leben* habe er als 79-Jähriger herausgebracht. Hat er sich nicht selbst bis heute ein Stück Jugendlichkeit bewahrt? Erkennbar besonders in seiner immer währenden Lust an der Provokation. Seine Leidenschaft, den Literaturbetrieb mit all seinen Eitelkeiten und Rivalitäten auf höchst lehrreiche Weise durcheinander zu wirbeln, hat bis heute jedenfalls noch kein jüngerer Kritiker erreicht, geschweige denn übertroffen.

Anhang

Die Beiträge in diesem Buch basieren zum Teil auf Abschriften von Radiogesprächen und Statements, die behutsam in Schriftform gebracht wurden, um die Spontanität des gesprochenen Worts zu erhalten. Ausnahmen bilden die Essays von G. Ueding, U. Wittstock, H. Kesting und M. Vargas Llosa.

Rückblick auf ein gefährdetes Leben – Wilfried F. Schoeller im Gespräch mit Marcel Reich-Ranicki. Erstsendung: »Nachtstudio«/Bayern2Radio am 31. Mai 2000. Redaktion: Peter Laemmle.

Kritikers Kummer – Kritikers Freud – Eine öffentliche Unterhaltung zwischen Marcel Reich-Ranicki und Joachim Kaiser in der Aula der Ludwig-Maximilians-Universität München anlässlich des 65. Geburtstages von Joachim Kaiser am 13. Dezember 1993. Erstsendung: 18. Dezember 1993 in Bayern2Radio. Redaktion: Peter Hamm.

Kritisches Intermezzo – Die Texte entstammen bis auf die drei letzten Beiträge der Sondersendung »Gold oder Blech, Weiß oder Schwarz« von Peter Laemmle und Dieter Heß zum 80. Geburtstag von Marcel Reich-Ranicki. Erstsendung: 31. Mai 2000 in Bayern2Radio.
Die Beiträge von Uwe Wittstock und Gert Ueding erschienen zur letzten Ausstrahlung des *Literarischen Quartetts* in *Die Welt* am 13. und 14. 12. 2001. Der Aufsatz von Hanjo Kesting ist bisher unveröffentlicht.

Das Alterswerk als künstlerische Vollendung? Das Gespräch mit Eva Demski, Joachim Kaiser und Marcel Reich-Ranicki wurde am 2. November 2001 in Frankfurt aufgezeichnet. Erstsendung: 20. November 2001 im Nachtstudio/ Bayern2Radio. Redaktion: Peter Laemmle.

Ein portatives Vaterland – Mario Vargas Llosas Essay erschien gekürzt in *El Pais* und der *Frankfurter Allgemeinen Zeitung* vom 26. Juli 2002.

Marcel Reich-Ranicki

Wer schreibt, provoziert

Pamphlete und Kommentare

Band 11395

Leidenschaftlich hat Marcel Reich-Ranicki seit Jahrzehnten das literarische Leben in Deutschland kommentiert, ermuntert und glossiert. Nicht als selbstgefälliger Präzeptor versteht er seine Rolle, sondern als Mann der Vernunft und der Vermittlung. Denn, so sagt er, »genau betrachtet sollte Kritik nichts anderes, nichts mehr und nichts weniger sein als Vermittlung – freilich in des Wortes eigentlicher, wesentlicher Bedeutung«. Diese Haltung schließt weder den temperamentvollen Angriff und die Polemik, noch begeisterte Zustimmung und enthusiastisches Lob aus.

In diesem Band beschäftigt sich Reich-Ranicki mit einer Fülle von Themen: mit dem Verhältnis von Literatur und Gesellschaft, Literatur und Fernsehen, Literatur und Sport, mit der »Gruppe 47«, mit Literaturpreisen und Affären, mit Skandalen, Tendenzen und Debatten des literarischen Lebens.

Fischer Taschenbuch Verlag

fi 761 / 5

Marcel Reich-Ranicki (Hg.)

Romane von gestern – heute gelesen
1918 - 1933

Band 13092

»Die deutsche Literatur zwischen 1918 und 1933 läßt sich nicht auf einen Nenner bringen, sie widersetzt sich immer aufs neue den klassifizierenden Bemühungen der Literaturhistoriker. Möglicherweise ist einer der Gründe in der Tatsache zu sehen, daß wir es mit einer Übergangszeit zu tun haben. In ihr verwirklichen sich alle wesentlichen Bestrebungen der vorangegangenen Epoche: Was immer in der deutschen Literatur seit dem Beginn des Naturalismus von Bedeutung war, erreicht in dieser kurzen Periode einen neuen Höhepunkt, wird vollendet oder doch auf neuartige Weise fortgesetzt und abgewandelt. Zugleich ist dies aber die Epoche der bahnbrechenden Schriftsteller gewesen, die die nächsten Jahrzehnte angeregt und geprägt haben: Was immer die Literatur nach 1945 zu leisten imstande war, hat letztlich seinen Keim und Ursprung, sein Modell und Vorbild in dieser großen Übergangszeit.

Dieser Band bietet Aufsätze über 48 Romane, die zwischen 1918 und 1933 erschienen sind. Was zunächst auffällt, ist der simple Umstand, daß die zentralen Werke der deutschen Epik unseres Jahrhunderts nahezu alle aus diesem nur vierzehn Jahre umfassenden Zeitabschnitt stammen: Thomas Manns *Zauberberg* ebenso wie Döblins *Berlin Alexanderplatz,* Kafkas *Prozeß* und *Schloß* ebenso wie die ersten beiden Bände von Musils *Mann ohne Eigenschaften.*«

Fischer Taschenbuch Verlag

fi 1574 / 5

Marcel Reich-Ranicki
Thomas Mann und die Seinen
Band 6951

Marcel Reich-Ranicki gehört zu den besten Kennern der Familie Mann. »Aber so glücklich wir sein müssen, daß es diese einzigartige Familie gibt, so aufschlußreich, so faszinierend ihre Geschichte ist, so wenig brauchen wir (und die Manns) einen Hofberichterstatter.« Gerade wer über Thomas Mann schreibt, »der, allen Interpreten mißtrauend, die Deutung seines Lebens und seines Werkes schon früh in die eigenen Hände genommen hat«, kann die Aufgabe nur erfüllen, »wenn sie aus der direkten oder indirekten Polemik gegen sein Autoporträt hervorgeht.«
Was Reich-Ranicki über Golo Mann schreibt, der sich »nur mit oder gegen, doch nicht ohne Thomas Mann entfalten konnte«, gilt für alle Mitglieder der Familie, in höherem Maße für die Söhne Golo und Klaus, in geringerem für die Tochter Erika, möglicherweise sogar noch für den Bruder Heinrich. In ihm finden wir die zweite charakterliche und künstlerische Autorität, den einzigen Widerpart, mit dem oder gegen den auch Thomas Mann sich nur entfalten konnte. Die Gegensätze und Abhängigkeiten, die Kämpfe und der Zusammenhalt der Familie werden von Reich-Ranicki in biographischen und literaturkritischen Studien, vor allem aber vor dem Hintergrund der Tagebücher und Korrespondenzen untersucht.

Fischer Taschenbuch Verlag

fi 1578 / 7

Thomas Mann
Über mich selbst
Autobiographische Schriften
Band 12389

Umfassen die Jahre von 1875 bis 1955, Thomas Manns Zeit, auch eine wahrhaft schicksalhafte Epoche der deutschen Geschichte, so hatte er doch eine »Abneigung gegen die Autobiographie« als ein geschlossenes, sein Leben nacherzählendes Buch. Er brauchte sie nicht, hat er sich selbst doch derart in all sein Schreiben eingebracht, daß man bei ihm mit gutem Recht von einer Identität von Werk und Person sprechen kann.

Darüber hinaus hat er, wenn der Tag und die Stunde es erforderten, bereitwillig Auskunft gegeben über sich selbst, selten als Skizze seines Lebenslaufs, eher in Form eines weitgefächerten Vortrags oder Essays, als Erlebnis- oder Reisebericht, in Vignetten und Episoden von Angehörigen und Freunden, in Beantwortung von Rundfragen über die Voraussetzungen für seine Arbeit, über sein Verhältnis zu Religion, Musik oder zur Psychoanalyse.

Thomas Mann verstand sich zeitlebens als kultureller Repräsentant seiner Zeit. Mit seinen Äußerungen über sich selbst gab er beredtes Zeugnis von der geistigen Lebensform seiner Generation.

Fischer Taschenbuch Verlag

fi 12389 / 1

Golo Mann
Erinnerungen und Gedanken
Eine Jugend in Deutschland
Band 10714

»Eine Jugend in Deutschland« – keine alltägliche, sondern gefährdet durch Anlagen und Umstände, gleichwohl im bürgerlichen Rahmen behütet und gefördert, eigensinnig und doch in vielen Entwicklungen repräsentativ für dieses Land und für die Zeit – 1909 bis 1933 –, durch die Golo Mann seinen Weg mit beharrlicher Unabhängigkeit und kritischer Selbstzucht findet.

Die Stationen: Das vom Vater überschattete Elternhaus mit den großen Geschwistern Klaus und Erika. Literatur, Musik, Theater als frühe Eindrücke, Schule und Pfadfinder, Internat Schloß Salem. Nach dem Abitur Studium in München, Berlin, Heidelberg: Jaspers, der Sozialistische Studentenbund, erste Aufsätze, Versuche, dem Nazi-Geist entgegenzutreten. Hamburg, Göttingen: Selbstaufgabe der Weimarer Republik, alles Spätere vorbereitende Anfänge des »Dritten Reichs«.

Golo Mann beschwört keine »besonnte Vergangenheit«, viel zu sehr litt und leidet er an den Irrtümern deutscher Politik. Dennoch weckt dieses große deutsche Bekenntnisbuch Hoffnung: »es ist weise und, aller Bitterkeit zum Trotz, zugleich auf seine Art heiter«. (*M. Reich-Ranicki*)

Fischer Taschenbuch Verlag

fi 1318 / 10